C.H.BECK WISSEN

in der Beck'schen Reihe

Von Voltaire (1694–1778) kennt man in Deutschland zumeist nur noch den Namen. Man erinnert sich an ihn als den Verfasser des Candide und als Verfechter von Toleranz und Aufklärung. In Frankreich ist Voltaire hingegen bis heute als Urbild des engagierten Schriftstellers und als Wegbereiter des Laizismus gegenwärtig. Diese ebenso knappe wie kenntnisreiche Darstellung seines Lebens, seines Denkens und Schreibens ist zugleich eine Einladung an den Leser, sich mit Voltaire und seinen zeitlosen Werken zu beschäftigen.

Jürgen von Stackelberg, geb. 1925, war bis zu seiner Emeritierung Professor für Romanistik an der Universität Göttingen. Er ist «Chevalier des Arts et des Lettres» und «Officier des Palmes académiques». Bei C. H. Beck ist u. a. erschienen: «Von Rabelais bis Voltaire. Zur Geschichte des französischen Romans» (1970) und «Kleine Geschichte der französischen Literatur» (bsr 412).

Jürgen von Stackelberg

VOLTAIRE

Verlag C. H. Beck

Originalausgabe

Gesamtherstellung: Druckerei C.H.Beck, Nördlingen
Umschlagabbildung: Voltaire. Zeitgenössisches Gemälde
von Nicoles de Largillère, Genf, Institut et Musée Voltaire,
© akg-images, Berlin
Umschlagentwurf: Uwe Göbel, München
Printed in Germany
ISBN-10: 3 406 53602 6
ISBN-13: 978 3 406 53602 1

www.beck.de

Inhalt

Vorbemerkung

Mit Ausnahme von Victor Klemperer und Werner Krauß haben sich die deutschen Romanisten des zwanzigsten Jahrhunderts wenig für die Aufklärung und fast gar nicht für Voltaire interessiert. Leo Spitzers Stilstudie und Hugo Friedrichs Aufsatz über «Voltaire und seine Romane» (s. unsere Literaturhinweise) sind die Ausnahmen, die die Regel bestätigen. Mir schien das schon in meinem Studium ein Mangel, dem es abzuhelfen galt, denn die Aufklärung hat all die Ideen hervorgebracht, von denen wir noch heute in unserem politischen und sozialen Leben profitieren, die Menschenrechte, die Pressefreiheit, den Toleranzgedanken und manches andere. Mit dem Beginn meiner Lehrtätigkeit ist die Aufklärung und ist Voltaire ins Zentrum meiner Interessen gerückt. Auf meine Lehrveranstaltungen und meine verschiedenen Publikationen konnte ich bei der Niederschrift dieses Bandes zurückgreifen, mit dem ich zugleich den neuesten Forschungsstand wiederzugeben hoffe. Kein Hilfsmittel war dazu nützlicher als das *Dictionnaire général de Voltaire*, das Raymond Trousson und Jeroom Vercruysse 2003 herausgegeben haben: 1256 zweispaltig gesetzte Seiten mit Sach- und Namenartikeln, das ist eine unerschöpfliche Fundgrube, auf die ich mich im folgenden immer wieder berufe. Erst recht unerschöpflich sind die Auskünfte, die man den fünf Bänden der von René Pomeau 1988 bis 1995 herausgegebenen Voltaire-Biographie entnehmen kann.

Besprechen konnte ich natürlich nicht alle Werke Voltaires. Ich biete nur eine Auswahl des (wie ich finde) Interessantesten, das heißt der Schriften, die uns nach wie vor angehen und gut lesbar sind. Dabei steht der Aufklärer im Vordergrund. Der Klassizist durfte nicht gänzlich unterschlagen werden, aber er ist denn doch in höherem Maße historisch geworden. Voltaires Tragödien im Stile Corneilles oder Racines sind heutigen Lesern kaum noch zuzumuten, erst recht nicht die an Vergil orientierte *Henriade*. Aber der Prosaist und der Polemiker mit der spitzen Feder fasziniert und amüsiert uns noch immer. Kurz, es ist der engagierte Schriftsteller, der überlebt hat und der nicht selten von einer frappanten Aktualität ist. Ich hoffe, das kann ich dem Leser dieses Buches vermitteln. Wenn man einen Autor mag, will man auch für ihn werben. Das ist ein Grund dafür, daß ich diese Voltaire-Darstellung gern geschrieben habe. Der andere geht von der Vermutung aus, daß es den Deutschen (als europäischen Bürgern) gut täte, diesen geistreichsten aller französischen Schriftsteller besser kennenzulernen. Wo immer in der Welt von heute neuer religiöser Fanatismus aufflammt, sollte Voltaire erst recht zur Kenntnis genommen werden. Denn keiner hat so überzeugend deutlich gemacht, daß es nur ein Mittel dagegen gibt, die Toleranz.

J. v. St.

Erstes Kapitel

Leben und Werk

Voltaire wurde als der Sohn eines Notars in Paris geboren. Sein amtliches Geburtsdatum ist der 21. November 1694. Er hat jedoch behauptet, schon ein halbes Jahr früher auf die Welt gekommen zu sein, er sei nur so schwächlich gewesen, daß alle Welt meinte, er werde nicht überleben. So wurde denn zunächst einmal, wie in solchen Fällen üblich, eine Nottaufe veranstaltet, die nicht im Kirchenbuch vermerkt ist. Der Säugling überlebte jedoch nicht nur, sondern eine Amme, die reichlich Milch spendete, und die liebevolle Sorgfalt seines Paten, des Abbé de Chateauneuf, sorgten dafür, daß er kräftig heranwuchs. So wurde er am 21. November 1694 ein zweites Mal offiziell getauft, und so ist dieses Datum in die Geschichte als Voltaires Geburtsdatum eingegangen, denn nur sie wurde im Taufregister vermerkt. Wahrscheinlich ist jedoch das frühere Geburtsdatum, der 20. Februar dieses Jahres, das richtige. René Pomeau, dessen große Voltaire-Biographie alles Frühere in den Schatten stellt, hat das Kapitel, in dem er über Voltaires Geburt berichtete mit «deux naissances, deux pères» überschrieben. Das letztere bezieht sich auf die Behauptung Voltaires, nicht Maître Arouet, der Notar, sei sein Vater gewesen, sondern ein stadtbekannter Schöngeist namens Rochebrune: Das spricht für den unernsten, fast frivolen Umgang Voltaires mit sich selbst und dafür, daß er es offenbar nicht für unstatthaft hielt, seiner Mutter einen Seitensprung zu unterstellen. Auf keinen Fall wollte er der Sohn eines gutbürgerlichen Vaters sein. Dazu paßt, daß er ja eigentlich nicht Voltaire, sondern François-Marie Arouet hieß, sich aber, sobald er berühmt wurde, einen «Nom de plume» zulegte, also einen «Schriftstellernamen», wie Molière das getan hatte, der auch seine bürgerliche Herkunft vertuschen sollte.

Wie immer der Name zustande gekommen sein mag – darüber streiten sich die Gelehrten – er spricht erst recht für das Emanzipationsbedürfnis des jungen Mannes, der ein ausgeprägtes Selbstwertgefühl besessen haben muß. Er wollte ein «Selfmademan» sein und ist das effektiv auch gewesen.

Im Jesuitenkolleg Louis-le-Grand erhielt der künftige Aufklärer (er hatte einen Bruder und eine Schwester) eine solide humanistische Ausbildung. Der Lateinunterricht und die Lektüre der «Alten» spielte dabei die größte Rolle. Damit war der Grundstock für Voltaires Klassizismus gelegt. Außerdem verkehrten in dem angesehenen Kolleg die Söhne vieler Reicher und Adliger. Voltaire gewann mehrere von ihnen zu Freunden und konnte sich später, als es brenzlig für ihn wurde, auf sie stützen. Den Jesuiten aber hat er seine Schulung nicht gedankt, er bedachte sie je älter, desto heftiger mit Schmähungen. Jedesmal, wenn er auf die Gesellschaft Jesu zu sprechen kommt, gerät er in Wallung. Man merkt es am Ton seiner Schriften, daß wieder eine Jesuitenschelte naht – kein Wunder, denn Voltaires Lebenskampf sollte der Kirche gelten, und der Jesuitenorden war deren Hauptstütze. Warum Voltaire die Kirche bekämpfte, werden wir noch sehen. Noch als Gymnasiast (wie man heute sagen würde) knüpfte der Heranwachsende Beziehungen zu einem Kreis freigeistiger Frühaufklärer, in den sein Pate, der gütige, aber auch libertine Abbé de Chateauneuf, ihn einführte. Dort lernte er auch die Kurtisane Ninon de Lenclos kennen, die an dem schmucken Burschen (Voltaire kleidete sich stets elegant und sah in jungen Jahren brillant aus) Gefallen fand. Sie schenkte ihm angeblich eine größere Summe Geldes, «um Bücher zu kaufen». – Voltaires erste Schriften waren lateinisch verfaßt. Mit ihnen bezog er Stellung zugunsten der «Alten» in der «Querelle des Anciens et des Modernes», dem Streit der Antikenbewunderer mit den Neuerern, der damals die Gemüter bewegte. Die klassischen Autoren hat Voltaire bis an sein Lebensende bewundert. So zeigte er in ästhetischer Hinsicht eher konservative Neigungen, von einigen Ausnahmen abgesehen. Er hat einmal gesagt, Cicero habe ihn «denken gelehrt» (nicht Aristoteles und nicht Platon, denn griechisch hatte er bei den Jesuiten nicht gelernt).

Satirischer Verse wegen, die angeblich gar nicht von ihm stammten, aber sehr wohl von ihm hätten stammen können, und in denen der seit 1715 in Frankreich regierende Regent, Philipp von Orléans, verspottet wurde, kam Voltaire 1717 in die Bastille. Er blieb elf Monate in Haft, nutzte aber die Zeit, um sein Epos über Henri Quatre, die spätere *Henriade* zu beginnen, die er bald nach Verlassen des Staatsgefängnisses vollendete und die ihn ebenso berühmt machen sollte wie sein *Ödipus*-Drama. Auch dieses stammt aus der Frühzeit Voltaires. Es hat ihn (wie seine Zeitgenossen) davon überzeugt, daß er ein würdiger Nachfolger Corneilles und Racines sei.

Voltaire hat sich zwar mit seinen Dichtungen einen Namen gemacht, sein Geld aber hat er auf andere Weise verdient. Er hat einmal mit einem Kreis Gleichgesinnter (oder Gleich-Raffinierter) die Lose einer ganzen Lotterie aufgekauft: die Gewinne waren natürlich dabei – und bildeten die Grundlage für sein Vermögen. Voltaire hat es immer weiter vermehrt, zum Beispiel, indem er ganze Schiffsladungen von Waffen nach Südamerika schickte, um den Spaniern bei der Bekämpfung der Jesuiten in Paraguay unter die Arme zu greifen, oder indem er an deutsche Kleinfürsten Geld verlieh, das er sich mit Zinsen zurückzahlen ließ, und anderes der Art mehr. Voltaire wollte Geld haben, um unabhängig von Mäzenen und Fürsten zu sein, denen man schmeichelhafte Widmungsbriefe schreiben mußte – und das ist ihm gelungen.

Als Voltaire 1726 wegen eines Streits mit einem Altadligen, dem Chevalier de Rohan, dem er frech entgegengetreten war, noch einmal in die Bastille mußte, konnte er jedoch schon vierzehn Tage später das Gefängnis verlassen – und er ging nach England, dem Land der Freiheit, der aufblühenden Wirtschaft, der Sekten und der Toleranz (wie er meinte). Er blieb dort zweieinhalb Jahre und wurde, wie unten erzählt wird, zum «Engländer», der englisch nicht nur ganz gut sprach und verstand, sondern auch schreiben konnte. Der Bericht über seine England-Erfahrungen, die *Lettres anglaises* oder auch *philosophiques* wurde zu einem Skandalerfolg. Damit ist Voltaire zum aufklärerischen Publizisten geworden. Er schrieb eine Prosa, die ihm in ihrer Spritzigkeit keiner nachmachte, französisch natürlich, obwohl die Erstfassung des Englandberichts in englischer Sprache erschienen war. Überdies erschienen zwei interessante Essays auf englisch, von denen unten die Rede sein wird. Da die Zensur schon hier, und später immer wieder, hart zugriff und seine Schriften öffentlich verbrannt wurden, hat Voltaire seine Verfasserschaft immer wieder geleugnet. Er erfand die unglaublichsten Pseudonyme und Geschichten, um seine Haut zu retten, aber wer ihn kannte, wußte natürlich, daß er jeweils der Verfasser war. Das Versteckspiel nach dem Motto des Rabelais: «Ich verfechte meine Ansichten bis zum Scheiterhaufen – exklusive» war zwar notwendig, aber es hat dem Clown, der Voltaire war, auch Vergnügen gemacht. Es fügte sich gut in seine Schauspielernatur.

Vorübergehend fand Voltaire nach seinem Englandaufenthalt am französischen Königshof Anerkennung. Er wurde zum Hofhistoriographen ernannt und in die «Académie française» aufgenommen (was der König gutheißen mußte). Aber das Hofleben mit seinen Zwängen sagte ihm nicht zu. Als er eine Grand'dame der französischen Gesellschaft, eine Gelehrte von Rang und begeisterte Naturwissenschaftlerin, die Marquise Du Châtelet, kennenlernte, folgte Voltaire ihr für fünf Jahre auf ihr Schloß Cirey in Lothringen. Der Ehemann pflegte abwesend zu sein. Das war Voltaires einzige große Liebe, eine Liebe, die ebenso auf den gemeinsamen Interessen beruhte wie auf körperlicher Anziehung. Da Mme Du Châtelet sich als Naturwissenschaftlerin nicht für die Historie interessierte, machte Voltaire sich nun erst recht daran, Geschichte zu schreiben. Er wollte der Marquise zeigen, wie lohnend das sein konnte, wenn man es richtig, das heißt im aufklärerischen Sinne betrieb. Nach einer *Geschichte Karls XII. von Schweden*, die noch dem alten Konzept der Personalgeschichte verpflichtet war, verfaßte Voltaire einmal das *Siècle de Louis XIV*, mit dem er das Bild dieser ruhmreichen Epoche der Franzosen ein für allemal festlegte, und den *Essai sur les mœurs*, der kein Essay, sondern ein gewaltiges Geschichtswerk (2000 Seiten in der Ausgabe der «Classiques Garnier») ist und ein völlig neues Konzept in die Tat umsetzte: es war eine Zivilisationsgeschichte, eine Geschichte der Sitten und Gebräuche, der Geselligkeit, der Kunst und Wissenschaft anstelle der Kriegs- und Herrschergeschichte von einst. Voltaire mag noch kein historischer Philologe im modernen Sinn gewesen sein – er glaubte nur an das, was ihm plausibel erschien, urteilte also über die Vergangenheit mit seiner kritischen Vernunft –, dennoch ist er einer der großen Neuerer auf dem Gebiet der Historiographie gewesen. Zugleich verfaßte er ein Theaterstück nach dem anderen, machte mit der Marquise physikalische Experimente, vertiefte die Kenntnis Newtons, die für das Denken der Aufklärer essentiell war, und pflegte seine weltweiten Verbindungen. Bis an sein Lebensende schrieb er täglich bis zu zwanzig Briefe, so daß schließlich eine Korrespondenz von mehr als zwanzigtausend Briefen entstand, von der ebenfalls unten die Rede sein wird. Durch seine Korrespondenz war Voltaire allen Gebildeten der Zeit, vor allem den aufgeklärten Fürsten, präsent wie kein anderer Schriftsteller der Zeit.

Erst nach dem Tode der Marquise Du Châtelet, die im Kindbett starb (das Kind stammte nicht von Voltaire, sondern von einem Gelegenheitsgeliebten) gelang es dem Preußenkönig Friedrich, Voltaire nach Potsdam zu holen. Voltaire hat von 1750 bis 1753 in Potsdam und Berlin gelebt, die französischen Schriften des Königs korrigiert, an der freigeistigen Runde Friedrichs teilgenommen, sich aber leider mit dessen Akademiepräsidenten Maupertuis zerstritten und gewisse unlautere Geschäfte zu machen versucht, die der König untersagt hatte. So kam es zum Streit, und Voltaire verließ fluchtartig Potsdam, um auf dem Umweg über andere Fürstenhöfe und mit einer peinsamen Unterbrechung in Frankfurt am Main, von der noch die Rede sein wird, ins Elsaß zu reisen. Inzwischen hatte sich seine Nichte, Mme Denis, zu ihm gesellt, die Voltaires Mätresse und Haushälterin wurde, als dieser sich schließlich zuerst am Stadtrand von Genf («Les Délices»), dann aber auf französischem Gebiet, in Ferney, niederließ, wo er zum Gutsbesitzer und feudalen Grundherrn wurde. Die letzte, erst recht produktive Phase seines Lebens begann. Voltaire lud Gäste ins Haus, führte seine Theaterstücke auf (er selbst spielte gern mit), ameliorierte das Land, siedelte eine Uhrenindustrie an, führte Prozesse mit seinen Nachbarn und schrieb und schrieb ...

Der Kampf gegen die Kirche, diesen Hort der Intoleranz, war ins Zentrum seiner Aktivitäten gerückt. Kaum eine seiner vielen verschiedenen Schriften war noch frei davon, vom *Philosophischen Wörterbuch* über die *Philosophischen Romane* bis hin zu einer monumentalen Zusammenfassung seiner Bibelkritik: *La Bible enfin expliquée*. Ein Bühnenerfolg reihte sich an den anderen und festigte Voltaires Ruf als Dramatiker nicht nur in Frankreich, sondern in der ganzen gebildeten Welt. Schließlich erschütterten ihn die grausamen Fehlurteile einer kirchenhörigen Justiz, und er engagierte sich für die Toleranz. Auch davon soll noch die Rede sein, denn Voltaires Ruhm beruht nicht zuletzt auf diesem Engagement. Als er endlich durch die Bemühungen seiner Freunde, 1778, wieder nach Frankreich durfte (er hatte die Hälfte seines Lebens im Exil zugebracht) und in Paris einzog, umjubelte die Menge den Vierundachtzigjährigen und rief: «Vive l'homme aux Calas – es lebe der Mann der Calas», womit auf den berühmtesten der juristischen Unrechtsfälle angespielt wurde, den Voltaire aufgriff und, so gut es ging, zurechtzurücken versucht hatte. Dann wurden seine letzte Tragödie, *Irène*, und seine Komödie *Nanine* in der «Comédie française» aufgeführt, während aller Augen sich auf den zuschauenden Greis und seine Büste richteten, die auf der Bühne mit Lorbeer bekränzt wurde. An den Strapazen seines Ruhms ist Voltaire 1778 gestorben. Seine sterblichen Überreste mußten aus der Hauptstadt entfernt und heimlich in der Provinz von einem Dorfpfarrer verscharrt werden. 1791 überführten die Revolutionäre sie mit großem Pomp ins Pariser Pantheon.

Die Welt trauerte über den Tod des größten Schriftstellers ihrer Zeit. Im Nachruf des Friedrich Melchior Grimm, der in der von ihm herausgegebenen und an alle Fürsten Europas versandten *Correspondance littéraire* erschien, hieß es: «Das größte, herrlichste, ach, vielleicht das einzige Denkmal dieser ruhmreichen Epoche, in der sich alle Gaben, alle Fähigkeiten des menschlichen Geistes dem höchsten Grad der Vollendung genähert zu haben scheinen, dieses erhabene Denkmal ist dahin.»

Grimm nannte den Verstorbenen einen «neuen Ariost und Vergil», womit er auf die *Pucelle* und die *Henriade* anspielte, einen Nachfolger Corneilles und Racines – das war natürlich der Theaterdichter –, und pries Voltaire als den, «der als erster die Philosophie Newtons bekannt machte» und der «als erster Geschichte als Philosoph, Staatsmann und Bürger schrieb», der «unablässig die dem Glück der Menschen entgegenstehenden Vorurteile bekämpfte, Irrtum und Aberglaube der Schande und der Lächerlichkeit preisgab und sich bei Unwissenden wie bei Wissenden, beim Volk wie bei den Königen gleichermaßen Gehör zu verschaffen verstand». Ein umfassenderes Lob ist selten auf einen Großen der Weltliteratur ausgesprochen worden.

Zweites Kapitel

Voltaire und Friedrich der Große

Die von einem Extrem ins andere, zwischen gegenseitiger Beweihräucherung und Verunglimpfung und dann wieder zu Ausdrücken höchster Achtung schwankende Beziehung zwischen dem großen preußischen König und dem größten Franzosen des 18. Jahrhunderts verdient in mehr als nur den wenigen Zeilen gewürdigt zu werden, die ihr oben gewidmet wurden. Was waren die Gründe dafür, daß Friedrich der Große Voltaire an seinem Hof haben wollte und ihn tatsächlich für fast drei Jahre nach Potsdam holte? Was versprach sich der Preußenkönig davon, und was erhoffte sich der französische Aufklärer von der Beziehung, die die Zeit zwischen dem Tod von Mme Du Châtelet und seiner Niederlassung am Genfer See ausfüllte? Wie sah diese Beziehung aus, wie verwandelte sie sich in Zank und Streit und wurde schließlich doch wieder zu einer der denkwürdigsten Annäherungen von Geist und Macht, die die Geschichte kennt? Fast möchte man die Geschichte dieser Freundfeindschaft ein Symbol französisch-deutscher Verbrüderung, Verfeindung und

Wieder-Versöhnung nennen. Die Fakten erlauben das gewiß nur zum Teil, aber dieser Teil reicht aus, den Vorgängen noch einmal die gebührende Aufmerksamkeit zu schenken.

Das ist nun freilich schon oft geschehen. Die Zahl der Bücher und Artikel, die sie schildern, ist kaum noch übersehbar. Am zuverlässigsten informieren (in jüngster Zeit) darüber die Arbeiten von Christiane Mervaud französischerseits, von Johannes Kunisch deutscherseits. Auf diese beziehen sich denn auch die folgenden Seiten, genauer: hier auf die Artikel «Frédéric II», «Potsdam» und «Francfort-sur-le-Main» von Christiane Mervaud im *Dictionnaire de Voltaire*, die die Darlegungen ihres Buches *Voltaire et Frédéric II: une dramaturgie des Lumières* von 1985 zusammenfassen, dort auf das Buch des deutschen Historikers über *Friedrich den Großen. Der König und seine Zeit* (C. H. Beck, München 2004). Verwiesen sei auf die Anmerkungen dieses Werkes.

Seit 1736 standen Friedrich, damals noch Kronprinz von Preußen, und Voltaire in brieflicher Verbindung. «Der zwischen beiden geführte Briefwechsel», schreibt Kunisch (317), «war danach immer intensiver geworden und hatte sich bei allen Schmeicheleien und zugleich auch ironischen Untertönen zu Formen emphatischen Überschwangs gesteigert». Friedrich lud Voltaire nach Rheinsberg ein, wohin Voltaire denn auch – nach einem ersten, flüchtigen Zusammentreffen mit dem Kronprinzen, Mai 1740, im clevischen Moyland – im November 1740 kam. Das Verhältnis beider blieb ungetrübt, obwohl Voltaire seine Freundin, Mme Du Châtelet, in Lothringen hatte zurücklassen müssen und er sich darüber bei Friedrich beschwerte. Im September 1742, also nach Friedrichs Thronbesteigung (die am 31. Mai 1740 erfolgte) und nach seinem ersten Einfall in Schlesien (der Voltaire mißfiel) trafen die beiden erneut zusammen. Das geschah in Aachen und verlief in einer «Atmosphäre beglückenden Einvernehmens», wie es bei Kunisch heißt. Von Ende August bis Mitte Oktober 1743 befand Voltaire sich erstmals in Berlin. Friedrich tat alles, was er konnte (so Christiane Mervaud), um Voltaire bei sich zu behalten, aber die Marquise haßte den Preußenkönig und schürte die Entrüstung, die Voltaire angesichts von dessen Kriegstreiberei empfand. Was für ein Widerspruch zur Widerlegung des Machiavelli, dem *Anti-Machiavel*, den Friedrich geschrieben und den Voltaire veröffentlicht hatte, in der eine alles andere als machiavellistische, nämlich eine moralische Politik beschworen wurde. Unterdessen hatte Voltaire seine einflußreichen Bekannten in Paris dazu vermocht, daß ihm eine nahezu offizielle politische Mission übertragen wurde: schließlich befand man sich im Kriege mit Preußen. Wir wissen, daß daraus nichts wurde, wie überhaupt der Preußenkönig sich von Voltaire, der das nicht lassen konnte, in seine Politik nicht hineinreden ließ. Er sollte den Potsdamer Hof als Stätte der Musen und des Geistes ins Licht rücken; damit, und nur damit sollte er Friedrich dienen und seine «Kriegsverbrechen» vergessen lassen.

Im Keim war eigentlich der Zwist schon angelegt, der später den König und den Schriftsteller entzweien sollte. Ist es unsinnig, dafür den einen oder anderen schuldig zu sprechen, so ist doch soviel klar: Voltaire überschätzte sich und seine Rolle, während der König sie von vornherein auf das geistig-literarische Gebiet, auf dem man sich so gut verstand, beschränkt wissen wollte. Am 10. September 1749 starb die Marquise Du Châtelet im Kindbett. Sie hatte ihren Freund (den sie nur noch platonisch liebte) so lange von weiteren Besuchen im verhaßten Preußen abhalten können. Nun aber war die Zeit gekommen: Voltaire übersiedelte nach Berlin und Potsdam, wo er zu bleiben gedachte. Die Enttäuschungen in Frankreich, zumal die am Versailler Hof erlebten, waren zu groß gewesen; hier schien er als «Philosoph» leben, schreiben und sterben zu können. Mal residierte er in Sanssouci, mal in Berlin, schließlich bewohnte er ein Landhaus im Brandenburgischen, das der Marquis d'Argens verlassen hatte. Friedrich hatte ihm geschrieben, er wünsche sich, daß seine Hauptstadt der «Tempel großer Männer» werde, Voltaire brauche nur zu äußern, «was ihm Freude mache», er wolle ihm sein Leben in Potsdam «so angenehm machen, wie er könne» (Brief v. 7.10.1743). Tatsächlich ernannte der Preußenkönig Voltaire zu seinem Kammerherrn und zahlte ihm eine jährliche Pension von 20 000 Pfund bei Zusicherung völliger

Freizügigkeit (Kunisch, 317). Friedrich erhoffte sich zu Recht einen Prestigegewinn für seinen Hof, denn Voltaire verschaffte diesem «eine Aura von Humanität, Toleranz und aufgeklärter Rationalität» (Kunisch, 318). Potsdam schien nicht mehr der Hort blutiger Kriege zu sein, es war zu einem Zentrum der Aufklärung geworden (dafür stand auch die von Friedrich gegründete Akademie der Wissenschaften, die gänzlich französisch ausgerichtet war), und der das Land regierte, war ein «roi philosophe». Voltaire gehörte geradezu nach Potsdam, insofern er als der «Repräsentant einer ganzen Epoche» galt und als solcher dort auch gefeiert wurde (318).

Wie viele von den versprochenen Annehmlichkeiten der französische Gast effektiv genossen hat, wissen wir nicht. Kein Zweifel dürfte darüber bestehen, daß er die Tafelrunde des aufgeklärten Königs genoß, wo er unter geistreichen Männern und Freigeistern sein Licht leuchten lassen konnte. Das Gemälde von Menzel hat das später festgehalten und hat den Kopf des blitzesprühenden Spötters entsprechend ins Zentrum gerückt. Voltaire seinerseits dachte an Frankreich zurück und wußte, daß man dort auf ihn blickte. Am preußischen Hof schien er die Rolle zu spielen, die er in Versailles, das er, der Katzbuckelei überdrüssig, im Zorn verlassen hatte, nicht hatte spielen können. Was Wunder? Im friederizianischen Preußen nahm keiner ihm seine Kirchenfeindschaft übel, und dort konnte er ungestraft (sofern das nötig war) für die Toleranz werben. Und wie immer schrieb Voltaire auch hier an seinen Werken weiter. Das *Siècle de Louis XIV*, an dem er seit zwanzig Jahren arbeitete, von dem er Friedrich 1738 eine Abschrift hatte zukommen lassen, das aber im November 1739 vom Pariser Parlament verurteilt und am 4. Dezember öffentlich verbrannt worden war – auch dieses epochemachende Geschichtswerk, das doch dem Ruhme Frankreichs und seines «Sonnenkönigs» galt, vollendete Voltaire 1750 in Berlin, wo 1751 die Erstausgabe erschien. Friedrich hatte offenbar nichts dagegen; vielleicht sonnte er sich auch selbst an den Strahlen des französischen Königs, der, wie er, ein Mäzen der Künste und Wissenschaften gewesen war.

Aber Voltaire hatte sich falsche Vorstellungen von seiner Rolle am Hof des Preußenkönigs gemacht. Er konnte es immer noch nicht lassen, sich in die große Politik einzumischen, und er vertrug sich schlecht mit den anderen französischen Protégés des Königs, vor allem mit Maupertuis, dem Mathematiker und Naturforscher, den er von Cirey her kannte: dort hatte er eine Liaison mit Mme Du Châtelet gehabt. Nun war Maupertuis Präsident der preußischen Akademie und ein Günstling des Königs. Voltaire entfachte – vielleicht aus Neid, vielleicht aus Eifersucht – einen handfesten Streit und veröffentlichte ein Pamphlet, in dem er nicht nur über Maupertuis, sondern zugleich über die königliche Akademie herzog. 1751 kam die «Affaire Hirschel» hinzu. Voltaire hatte den jüdischen Geschäftsmann gebeten, für ihn Zinsverschreibungen der Sächsischen Staatsbank aufzukaufen, um sie dann in Berlin gewinnbringend wieder zu veräußern. Solche und ähnliche Finanzspekulationen hatten ihm früher schon gutes Geld eingebracht. Friedrich aber war über die Angelegenheit erbost. Sie war ruchbar geworden und wurde zum Gespött der Öffentlichkeit vor Gericht ausgetragen. «Ihre Affäre mit dem Juden», schrieb er an Voltaire, «ist die übelste Geschichte von der Welt». Er habe den Frieden gestört und unerhörten Lärm geschlagen, er solle aber wissen, schreibt der König, daß er bei ihm an die falsche Adresse geraten sei, wenn er «seiner Leidenschaft zum Intrigieren und Ränkeschmieden» weiter frönen wolle. Nur wenn er «als Philosoph zu leben verstehe», werde Voltaire ihm weiter «angenehm sein» (Kunisch, 321).

Dieser aber war es nicht gewohnt, sich in seinen Initiativen einschränken zu lassen. Er war ja schon in Cirey der eigentliche Schloßherr gewesen und dachte nicht daran, in Potsdam nur die Rolle des Hofnarren zu spielen. Gibt man dem eine etwas vornehmere, geistigere Bedeutung, so entsprach das jedoch so ziemlich der Vorstellung des Königs. Da beide von «falschen Voraussetzungen» ausgegangen waren, und eben dies zu der Entzweiung geführt hat, die alsbald immer heftigere Formen annahm, kann man nur wiederholen: einem von beiden die Schuld daran zuzuweisen, ist ziemlich unsinnig. Friedrich hatte nicht mit dem mehr als literarischen Ehrgeiz und dem Freiheitsdurst Voltaires gerechnet, Voltaire nicht mit den Verhältnissen, wie sie am preußischen Hof herrschten. Er muß zeitweilig wieder von seiner panischen Angst gepackt worden sein. Kunisch zitiert einen Brief, in dem er schreibt, wie ihn bei seinen abendlichen Spaziergängen im Potsdamer Park die Vorstellung von «riesigen Grenadieren» überkomme, die ihm «das Bajonett auf die Brust setzen» und mit «*furt* und *sacrament* und *der König* anbrüllen» (320).

Da war der Streit nun also ausgebrochen. Die halb niedergebrannten Kerzen, die der sparwütige Voltaire nach einem Fest mit nach Hause genommen haben soll, waren am wenigsten daran schuld. Es hatte sich herausgestellt, das die beiden großen Männer eben doch nur im Geistigen harmonierten, vom Temperament und von den Lebensgewohnheiten her jedoch nicht zueinander paßten. Daher die bissigen Bonmots, die man kennt: er gebe ihm «seine schmutzige Wäsche zum Waschen», kolportierte man als eine Äußerung Voltaires, die sich auf die Korrekturen bezog, die er an Schriften Friedrichs vornehmen sollte. «On presse l'orange et on jette l'écorce – man preßt die Orange aus und wirft die Schale weg» lautete das nicht minder böse Wort Friedrichs, das sich auf ebendiese Funktion seines Lehrmeisters bezog.

«Am Ende war das Verhältnis der beiden Freunde so zerrüttet», schreibt Kunisch (323), «daß Friedrich am 26. März 1753 in den von Voltaire erbetenen Abschied einwilligte». Voltaire hatte erklärt, er wolle die Bäder von Plombières aufsuchen, um sich von der Gicht zu erholen, Friedrich hielt das für eine Ausflucht. Es amüsiere ihn, schrieb er, Voltaire von der «fabulösen Reise» nach Plombières reden zu hören, obwohl er wußte, daß er gute Gründe hatte, sich von Potsdam zu entfernen. Einige Briefe des Königs klingen in der Tat sehr deutlich, sehr preußisch, sehr drakonisch. Er drücke sich nun mal freimütig aus «wie ein Deutscher, der nicht über die französische Höflichkeit verfüge», sagte Friedrich, Voltaire aber beherrsche die Kunst «Daten zu ändern und Ereignisse nach Gutdünken zu verpflanzen, sowie die Wendigkeit, einen Satz von hier und einen von da aufzugreifen und beides so zusammenzufügen, wie es seinen Absichten am besten entsprach» (Kunisch, 323).

Da war Voltaire also mit Sack und Pack abgereist. Er begab sich, auf einigen Umwegen, zunächst einmal nach Frankfurt am Main, wo ihn seine Nichte (und Mätresse) Mme Denis erwartete. Was dort geschah, hat Voltaire nie vergessen, so sehr er später darüber hinwegzukommen versuchte. Onkel und Nichte wurden festgenommen. Der in Frankfurt residierende Vertreter der preußischen Interessen, ein Baron von Freytag, sorgte dafür, daß der Rat der freien Reichsstadt, der Angst vor Friedrich hatte, der Verhaftung zustimmte. Es hieß, Voltaire habe französische Gedichte des Preußenkönigs im Gepäck und der König befürchte, er werde diese mit hämischen Glossen veröffentlichen. De facto befanden sich die Gedichte in dem Gepäck, das Voltaire in Leipzig zurückgelassen hatte. Ein reitender Bote mußte dorthin geschickt werden, und Voltaire und Mme Denis blieben weiter in Haft. Sie dauerte vom 31. Mai bis zum 6. Juli 1753, also fast sechs Wochen. Voltaire schickte seinen Kammerherren-Schlüssel an den König zurück, ebenso den «Pour le mérite». Ein gewisser Fredersdorff, ebenfalls in Diensten des Königs, bestand auf der Haft, die sich auch auf Voltaires Sekretär Collini erstreckte. Der Übereifer seiner Schergen war sicher nicht im Sinne des Königs, grundsätzlich aber geschah alles doch auf sein Geheiß. Voltaire hat die Frankfurter Geschehnisse ebenso wie seine Potsdamer Erinnerungen in mehreren Schriften festgehalten, am nachdrücklichsten in den *Mémoires pour servir à la vie de M. de V.*, die keine Lebenserinnerungen sind, sondern nur eine Schilderung des preußischen Abenteuers mit dem scheußlichen Frankfurter Nachspiel. In einer späteren Schrift mit dem Titel *Pamela* zieht er noch einmal über den Preußenkönig her. Hatte Friedrich einen herrischen Ton angeschlagen, so konterte Voltaire wie üblich mit beißendem Hohn und Spott. Auch der Briefwechsel dieser Zeit steckt voller unglaublicher Schmähungen und Beschimpfungen.

Dann aber, noch im Verlauf des Siebenjährigen Kriegs, besänftigten sich beide Partner, und von 1770 bis 78 nimmt ihr Briefwechsel wieder die freundschaftlichen Töne von früher an. Die geistige Nähe hatte über die Entzweiung gesiegt. Tatsächlich kehrt das Dioskurenpaar in Voltaires letzten Lebensjahren wieder zur alten Unzertrennlichkeit zurück. Voltaire nennt den Preußenkönig den «Salomon des Nordens» und verwendet sich für einen Freund des von der französischen Justiz hingerichteten Chevalier de La Barre, der seinen Häschern entkam und nach Preußen floh; dort macht Friedrich ihn zum Offizier. 1770 schreibt Friedrich einen Brief an Voltaires Freund D'Alembert, den Sekretär der «Académie française», in dem er betont, das Denkmal, das Voltaire sich mit seinen Schriften errichtet habe, sei schöner als dasjenige, das seine Freunde beim Bildhauer Pigalle für ihn bestellten. Der Brief wird öffentlich verlesen. Und nach Voltaires Tod verfaßt Friedrich einen Nachruf auf seinen alten Freund, der eine einzige Lobeshymne ist. Er «bediente sich darin, ganz dem hohen Ton einer Lobrede entsprechend», schreibt Kunisch (327), «einer Fülle zum Teil weit ausholender Vergleiche, um den Rang des Verstorbenen ins rechte Licht zu rücken». Alle Rankünе war vergessen, der Nekrolog entsprach dem Ideal des aufklärerischen Klassizisten, den der König pries; er wurde am 26. November 1778 in der Berliner Akademie (die Voltaire so verspottet hatte) verlesen und erschien noch im selben Jahr im Druck. Der Text war natürlich französisch geschrieben, er wurde jedoch alsbald ins Deutsche, Englische, Schwedische und Russische übersetzt.

Drittes Kapitel

Mehr als zwanzigtausend Briefe

Die neuere Voltaireforschung gipfelt in René Pomeaus fünfbändiger Biographie, die schon genannt wurde. Wenn wir seitdem auch mehr und Genaueres über Voltaires Leben wissen, so fragt sich der Herausgeber doch mit Recht, ob wir damit auch den Menschen Voltaire besser kennengelernt haben. Denn soviel Voltaire auch geschrieben hat, über sich selbst, seine seelischen Probleme, seine Emotionen, Stärken oder Schwächen, die Schwierigkeiten, die er mit sich und den Menschen gehabt haben mag, schweigt er sich aus. So hat sich denn die Nachwelt von ihm das Bild eines notorischen Spötters gemacht, der als typischer Intellektueller über den Dingen stand, dem Gefühle suspekt waren und dem am Zerstören mehr lag als am Aufbauen. Das ist alles falsch. Pomeau selbst hat das meiste dazu beigetragen, Voltaires Charakter zu erhellen und ihn als einen ganz anderen erscheinen zu lassen, als man bisher dachte. Vor allem war Voltaire ein außergewöhnlich reizbarer, erregbarer Mensch, jemand, dessen Phantasie sich zu panischen Ängsten steigern konnte, wenn er von Grausamkeiten und Blutvergießen, von Verfolgung, Fanatismus und Justizwillkür hörte. Das Blutbad der Bartholomäusnacht, in der auf Anstiften von Katharina von Medici am 23./24. August 1572 drei- bis viertausend Protestanten hingemetzelt wurden und das er in seiner *Henriade* geschildert hatte, soll Voltaire alljährlich am selben Tage in einen fiebrigen Zustand versetzt haben, der ihn zwang, das Bett zu hüten. Ähnlich traumatisch muß die Erinnerung an die Hugenottenverfolgung und -vertreibung durch Ludwig XIV. und seine jesuitischen Berater auf ihn gewirkt haben. Solche Schreckenserinnerungen waren es, die ihn zum Verfechter der Toleranz werden ließen. Einem intellektuellen Spötter (wie Alfred de Musset ihn dargestellt hat) widerfährt so etwas nicht. Freilich, so rasch Voltaire sich emotionalisierte, so rasch faßte er sich auch wieder. Daher kommt es, daß er der Nachwelt ein Bild von sich hinterließ, das der willentlichen Stilisierung mehr verpflichtet war, als den Launen, die ihn zum Spielball seiner Leidenschaften zu machen drohten. Als das Produkt einer solchen Selbststilisierung spricht Voltaire zu uns vor allem in seinen Briefen. Auch da lernen wir ihn also nicht kennen, wie er im Innersten war, sondern so, wie er gesehen werden wollte. Aber gerade das macht ihn unvergeßlich: es macht ihn zu unserem Freund, wie Pomeau zu betonen nicht müde wird, ja, wer ihm einmal verfallen ist, sagt Pomeau, für den wirkt Voltaire wie eine «Droge»: er macht einen süchtig. Auf jeden Fall bietet die Korrespondenz Voltaires uns endlich die Figur, die seine Zeitgenossen fasziniert betrachtet und bewundert haben.

Aber das gilt erst seit ein paar Jahren. Zwar haben schon die

Zeitgenossen damit begonnen, Voltaires Briefe aufzuheben und zu sammeln – vor allem seitdem er zu einer europäischen Berühmtheit geworden war –, aber man mußte die erste Gesamtedition seiner Werke, die sogenannte Kehler Ausgabe, abwarten, um rund 3000 Briefe von ihm lesen zu können. Die nächsten Herausgeber der *Œuvres complètes de Voltaire*, Beuchot (72 Bände, 1834) und Moland (52 Bände, 1877–1882) erhöhten die Zahl zuerst auf 7500, dann auf rund 10 000. Dann aber kam Theodore Besterman, der Initiator der modernen Voltaireforschung, und veröffentlichte 1953–1964 eine Ausgabe der Korrespondenz Voltaires in 118 Bänden, der 1968–1976 eine zweite, erweiterte, etwas weniger luxuriöse Ausgabe folgte, die als «Bestermann D» zitiert wird: sie umfaßte 45 Bände mit jetzt über 20 000 Briefen. Wie die meisten älteren Ausgaben enthält sie auch die Briefe, auf die Voltaire antwortet. Das gilt vor allem für die Korrespondenzen mit den Großen der Welt, dem Preußenkönig Friedrich, der Zarin Katharina oder dem Kardinalminister Bernis. Aber es hat unter den älteren Voltaire-Ausgaben auch schon solche gegeben, die zum Beispiel Voltaires Briefwechsel mit D'Alembert wiedergegeben haben. In der von Frédéric Deloffre besorgten *Correspondance de Voltaire*, die bei Gallimard in der *Bibliothèque de la Pléiade* 1976–1994 (8 Bände) herauskam, sind nur die Briefe Voltaires, nicht aber die seiner Briefpartner enthalten. Das muß man wissen. Deloffre mußte, um verständlich zu machen, worauf Voltaire jeweils antwortete oder anspielte, einen ziemlich ausführlichen Kommentar beigeben. Er ersetzt freilich die eliminierten Briefe nicht. Dasselbe gilt, um nur diese eine Auswahlausgabe noch zu nennen, von der *Correspondance choisie* (900 Briefe), die Jacqueline Hellegouarc'h 1990 in den *Classiques modernes* als Taschenbuch herausgegeben hat: zweite Auflage 1997.

Eine Taschenbuchausgabe von Voltaires Briefen! Und davon eine zweite Auflage nach sieben Jahren: das allein spricht schon dafür, daß Voltaire in Frankreich (und bei den «Voltairiens» in aller Welt) heute als einer der größten Epistolographen des 18. Jahrhunderts angesehen wird. Es wird Zeit, dem auch bei uns Rechnung zu tragen. Denn die bei uns einzig greifbare Korrespondenz Voltaires mit Friedrich dem Großen bietet nur einen Teilaspekt – und nicht einmal den typischsten. Dem Preußenkönig gegenüber, das versteht sich, präsentiert sich Voltaire als Höfling mit Komplimenten, die der Größe des Königs und seiner frankophilen Neigung gelten und nicht selten in Beweihräucherung ausarten, wie denn auch Friedrich mit Schmeicheleien an Voltaires Adresse nicht spart, weil er ihn als Leuchte der Aufklärung an seinen Hof holen wollte. Frédéric Deloffre, dessen Artikel «Correspondance» im *Dictionnaire de Voltaire* dieser Bericht hauptsächlich verpflichtet ist, spricht sogar von Voltaires Korrespondenz als einer der bedeutendsten der europäischen, wo nicht der Weltliteratur überhaupt. Und er weist darauf hin, daß sie selbst heute noch nicht vollständig ediert ist: vor allem in der *Bibliothèque Nationale* zu Paris schlummern noch mehrere Packen Briefe, die der Herausgabe harren.

Die Inhalte dieser Korrespondenz aufzuführen, ist schlechterdings unmöglich: da werden Tagesereignisse reflektiert, philosophische Probleme diskutiert, literarische Themen erörtert und, dies vor allem, die eigenen Werke angekündigt, ihre Entstehungsgeschichte erläutert, um Beurteilung durch die Adressaten und um deren Verbreitung gebeten, nicht zuletzt aber behauptet, sie stammten beileibe nicht von Voltaire, sondern von diesem oder jenem, die der Schalk erfindet, um sich dem Zugriff der Zensur zu entziehen. Voltaire ist unschlagbar im Erfinden solcher falschen Zuschreibungen, die von den Briefempfängern meist nicht geglaubt, wohl aber kolportiert wurden.

Damit sind wir bereits bei dem Aspekt der Korrespondenz, den Deloffre besonders betont und der in der Tat eine Besonderheit ausmacht: Sie war auch ein Instrument des Kampfes für die Aufklärung. Voltaire wirbt für seine Sache vor allem bei den einflußreichen Freunden, und er tut das in seiner Manier voll Witz und Verve. Wohl die meisten seiner Briefe, das wußte der Verfasser, wurden, sofern sie an Pariser Freunde oder Freundinnen gingen, in den Salons vorgelesen. (Manche hat er übrigens seinen Sekretären diktiert.) Das verpflichtete dazu, geistreich zu sein und die Komplimente so zu fassen, daß sie immer wieder neu und überraschend klangen und nicht zu dick aufgetragen erschienen, oder wenn, dann mit schmunzelndem Eingeständnis. Voltaires Korrespondenz ist ein Feuerwerk von Geistesblitzen, das auch den heutigen Leser noch vergnügen kann: der Witz, nicht die Seelenanalyse, nicht larmoyante Konfessionen sind Voltaires Stärke. Daß er sehr wohl auch Tränen vergießen (und das genießen) konnte – vor allem als Akteur seiner Tragödien – ist vielfach bezeugt. Aber damit benetzte er seine Briefe nicht. Im übrigen sehen diese Briefe, je nach Empfänger, sehr verschieden aus. Deshalb sollen hier wenigstens einige wenige der Empfänger vorgestellt und von deren Verhältnis zu Voltaire erzählt werden – notgedrungen nicht mehr als sechs der insgesamt 1400 Empfänger, die Deloffre gezählt hat.

An erster Stelle die Nichte und Geliebte Voltaires, Madame Denis. Marie-Louise Denis, geborene Mignot, war 27 Jahre jünger als Voltaire. Sie war die Tochter seiner ältesten Schwester (im Gegensatz zu seinem Bruder hat Voltaire sie gemocht). Bezeugt ist, daß sie drall, lebenslustig, munter, kokett, aber auch mit praktischem «bon sens» begabt, zudem musikalisch war: sie spielte Clavecin und sang. Ihre ganze Liebe aber galt dem Theater – und das dürfte zu der Liaison mit dem Onkel geführt haben, die Mitte der vierziger Jahre (als Voltaire noch mit Mme Du Châtelet liiert war) begann und mit zwei Unterbrechungen, darunter einer längeren (von fast zwei Jahren) andauerte bis zu Voltaires Lebensende. Es war eine eheähnliche Verbindung, die erotisch begründet war, die sich aber auch auf die musische Begabung der Frau stützen konnte (die 1738 einen Offizier namens Denis heiratete, der 1744 starb). Madame Denis, wie Voltaire seine Nichte offiziell nannte (privat hieß sie meistens «maman»), führte in Ferney den Haushalt, nachdem sie ihren Onkel nach seinem preußischen Debakel in Frankfurt am Main in die Arme geschlossen hatte und fortan nicht mehr von seiner Seite wich. Sie stand den rund 30 Personen des Haushalts vor, empfing die zahlreichen Gäste, die nach Ferney kamen, organisierte Feste, erledigte Amtsgeschäfte, verhandelte mit den Steuereinnehmern usw. Kurz, sie war, wie Voltaire sagte, seine «*maîtresse de maison*» und seine Frau. Daß die Verbindung mit einer Nichte als inzestuös galt, scherte Voltaire um so weniger, als er ja behauptete, gar nicht der Sohn des Advokaten Arouet, sondern des Literaten Rochebrune zu sein. Schließlich (nach einer durch einen Zwist bedingten Abwesenheit von 22 Monaten) pflegte Mme Denis Voltaire zu Tode. Dafür erbte sie sein immenses Vermögen. Daß vor allem weibliche Besucher die Nichte Voltaires eine dumme Gans genannt haben, ist zwar verständlich, trifft aber nach neuerer Erkenntnis nicht zu. Die insgesamt etwa 500 Briefe, die Voltaire mit Marie-Louise wechselte (solange sie noch nicht seine «Haushälterin» war), sprechen eine andere Sprache. Die Rede ist von Kunst und Literatur, von Voltaires aufgeklärten Ansichten und vielem anderen ebenso wie von der starken erotischen Anziehung, die die Nichte auf ihren Onkel ausübte: Voltaire sprach sie immer wieder, in der «Sprache der Liebe», auf italienisch an. Da brilliert er nicht, da witzelt er nicht: hier spricht er als leidenschaftlicher, ganz und gar sinnlicher Liebhaber, der mit Vergnügen die körperlichen Reize seiner Bettgenossin aufzählt. Da wird Voltaire zu einem Rabelais, oder, wenn's italienisch ist, zu einem Boccaccio. Auch das gehört zu dem Bild, das wir uns von ihm machen müssen, seitdem diese Briefe (sicher gegen den Willen des Verfassers) erschienen sind.

Warum Mme Denis ihren Onkel und Geliebten im Frühjahr 1768 verließ, um nach Paris und an den Hof zu fahren, wissen wir nicht genau. Voltaire war der festliche Trubel, der ihr am Herzen lag, wohl zu viel geworden, er verwandelte sein Theater in eine Waschküche und wollte sich vor allem seiner Arbeit widmen. Ihr mag die Verbannung von Paris schwerer gefallen sein als sie zugegeben hatte. Jetzt wohnte sie bei ihrer Schwester in der Hauptstadt und amüsierte sich, erledigte aber weiterhin Geschäfte für Voltaire; der schrieb Briefe der Sehnsucht an sie und holte sie im Herbst 1769 wieder nach Ferney zurück. War es auch keine einer großen Liebe vergleichbare Verbindung (Mme Denis war nicht Mme Du Châtelet), so bewies der Alternde doch eine für seine ungeduldige Natur erstaunliche Anhänglichkeit für seine Nichte.

«Anhänglichkeit» ist auch das richtige Wort für Voltaires Freundschaft mit Nicolas Claude Thiriot (oder Thieriot), einem Freund aus der kurzen juristischen Lehrzeit nach dem Schulabschluß. Thiriot stand Voltaire rührend bei, als er einmal an einer Geschlechtskrankheit litt, die er sich bei einem Bordellbesuch geholt hatte. Auch darüber hatte er kumpelhaft-drastisch seinem Jugendfreund berichtet. Die etwa 300 Briefe Voltaires an Thiriot sind überwiegend auf diesen Ton abgestimmt – wenn sie nicht in Beschimpfungen übergehen, zu denen Voltaire immer wieder Anlaß hatte, denn Thiriot war ein Schmarotzer, der zu faul war, um einer geregelten Tätigkeit nachzugehen. Er lebte von den Zuwendungen seiner Freunde, vor allem denjenigen Voltaires. Auch zuverlässig war er nicht. Voltaire beauftragte ihn wiederholt mit der Ausgabe seiner Schriften, von denen Thiriot einige auch besorgte – wenn sie ihm etwas einbrachten. Aber er war zugleich ein Schandmaul und publizierte eines Tages ein Pamphlet, in dem er Voltaires Liaison mit Mme Du Châtelet öffentlich machte und seinen Spott über den gehörnten Ehemann ausgoß. Die Marquise war wütend und versuchte gerichtlich gegen Thiriot vorzugehen, was gerade noch verhütet werden konnte. Auch Voltaire war außer sich. Aber dann vergab er seinem verlotterten Jugendfreund wieder und hielt zu ihm, obwohl dieser nicht einmal daran dachte, in der Fehde, die er mit seinem Widersacher Desfontaines ausfocht, zu Voltaire zu halten. Auch hier hat Voltaire eine Eigenschaft bewiesen, die für ihn spricht: Treue. Thiriot war nun einmal sein Freund und blieb es bis zu dessen Tod 1772.

Die Briefe Voltaires an Thiriot sind manchmal vertraulich, manchmal spaßhaft. Das hohe Niveau, den geistvollen Ton und die Dringlichkeit der Anliegen, die Voltaires Briefwechsel mit dem Grafen Charles Augustin de Ferriol D'Argental und seiner Frau aufweisen, haben sie gleichwohl nicht. Voltaires Schriftwechsel mit diesem besten und zuverlässigsten seiner Pariser Freunde und seiner Gemahlin erstreckte sich über 60 Jahre. Es wurden schließlich 1200 Briefe, die er an die D'Argentals schrieb, die er meist «mes Anges» nannte. Tatsächlich waren sie beide seine «Schutzengel», setzten sich unermüdlich für ihn ein, vertrieben seine Schriften und schützten ihn dank ihrer Beziehungen vor den Folgen seiner Frechheiten oder seines Leichtsinns. Der Graf war ein Schulfreund, er wurde Richter am «*Par-*

lement de Paris» und kannte Gott und die Welt. Seit 1737 verheiratet, waren die D'Argentals zwar nicht reich, aber eben doch von Adel, und das war wichtig: so konnten sie dem Aufklärer helfen, das Netz seiner Beziehungen enger zu knüpfen. Immer wieder berieten sie den Exilierten – und sorgten schließlich entscheidend dafür, daß er 1778 wieder in die Hauptstadt zurückkehren konnte. Voltaire teilte, so kann man sagen, all seine Sorgen mit ihnen, und holte als Schriftsteller ebenso Rat bei ihnen wie als Mensch. Als Mme Du Châtelet starb, schrieb Voltaire an die Freunde, er habe «die Hälfte seiner selbst verloren», eine «Seele, für die die seine geschaffen war», «eine Freundin aus zwanzig Jahren»: sein Schmerz sei unvergleichlich. Und sie trösteten ihn. Selbst beim Minister Choiseul und beim König verwendeten sie sich für ihn. Voltaire bedankte sich merkwürdigerweise damit, daß er die Kirche, die er in Ferney erbaute, ihnen widmete. Sein Gebet laute «Vivat D'Argental», schrieb er am 14. September 1761 (D 10008).

Ein ebenso guter Freund wie D'Argental ist Jean Le Rond D'Alembert, der bekannte Mathematiker und Aufklärer, für Voltaire gewesen. Er war von Mme de Tencin als uneheliches Kind ausgesetzt worden und hatte seine Bildung im Selbststudium erworben. Als Mitherausgeber der *Encyclopédie* warb er 1752 Voltaire für die Mitarbeit an dem großen Gemeinschaftswerk der aufklärerischen Wissensverbreitung an. Voltaire sagte zu und lieferte bald eine größere Anzahl Artikel philosophischer, ästhetischer und literarischer Natur. Er beriet D'Alembert und Diderot kundig, entwickelte so etwas wie eine Theorie des Enzyklopädieartikels, der damals zu einem Bestandteil der Literatur wurde. D'Alembert durfte Voltaire frei und ungeniert kritisieren, wenn ihm etwas an seinen Artikeln mißfiel; es ist erstaunlich zu lesen, wie geduldig dieser D'Alemberts oft ziemlich deutliche Kritiken entgegennahm. Die Sache selbst ging Voltaire über seine Autoreneitelkeit. Auch wirkte D'Alembert mäßigend auf Voltaires manchmal allzu ungestümes Engagement für die Aufklärung ein, obwohl er nicht weniger radikal und kirchenfeindlich war. Der umfängliche, weitgehend erhaltene Briefwechsel erlaubt damit aufschlußreiche Einblicke in die französische Aufklärung. Als die *Encyclopédie* 1758 zum dritten Mal von der Zensur verboten wird, tritt D'Alembert allerdings empört oder resigniert von der Herausgeberschaft zurück. Voltaire folgt ihm. Aber der Briefwechsel setzt sich bis in Voltaires letzte Jahre fort. Nun konsultiert Voltaire erst recht seinen klugen und erfahrenen Freund bei der Fertigstellung seiner Werke, die dessen Rat viel verdanken. Und D'Alembert verschafft Voltaire mit seiner Ernennung zum «*Secrétaire perpetuel*» der *Académie française* (die durch ihn zu einer Bastion der Aufklärung wird) in der Welt der Wissenschaft die Unterstützung, die die D'Argentals ihm in der Gesellschaft und bei Hofe verschafft hatten: Ein unersetzlicher Freund. Als Akademiesekretär stellt sich D'Alembert, der in Geschmacksdingen eher konservativ dachte, auch in den Dienst von Voltaires Kampf gegen Shakespeare. Dasselbe gilt für seinen Beistand in der «Affaire Calas», das heißt für seine Teilhabe an Voltaires Engagement für Toleranz. Er war einer der tüchtigsten Mitarbeiter «im Weinberg des Herrn», wie Voltaire das nannte.

Oben war einmal die Rede von Voltaires Pariser Freunden und *Freundinnen*. Tatsächlich füllen nicht wenige Briefe an diese Freundinnen die Voltairesche Korrespondenz. Einige sympathisierten mit der Aufklärung – so zum Beispiel Mme Geoffrin –, andere nicht – so die bedeutendste Pariser Brieffreundin Voltaires, Mme Du Deffand. An sie schrieb Voltaire an die 200 Briefe, 159 sind erhalten. Sie gehören zum Geistreichsten und Geschliffensten seiner Epistolographie. Mme Marie de Vichy Chamrond war Marquise (wie Mme Du Châtelet). Sie hatte den jungen Voltaire als brillanten Gesellschafter im Salon der Duchesse du Maine kennengelernt: das dürfte 1728 gewesen sein. Seit 1747 führt sie selbst, obwohl erblindet, einen Salon, in dem eine jüngere Verwandte, Mlle de Lespinasse, die weibliche Hauptattraktion darstellte.(Diese trennte sich 1764 von ihr und eröffnete einen eigenen Salon.) Bei Mme Du Deffand verkehrten, wie in den Pariser Salons auch sonst, Adlige, Schöngeister und Wissenschaftler, darunter D'Alembert. Aber Mme Du Deffand verfügte auch über gute Beziehungen zum Königshof. Voltaire wußte sich dieser indirekt zu bedienen, indem er ihr die gepflegtesten und spritzigsten Briefe schrieb. Übrigens war auch die Salonnière selbst eine glänzende Briefschreiberin. Doch sie litt an Langeweile und kultivierte nahezu vorromantisch ihren «*ennui*». Voltaire heiterte sie auf, regte sie an – und bat sie um ihr Urteil über seine Schriften (die dadurch zugleich bekannt wurden). Mme Du Deffand war wie gesagt keine Aufklärerin, sie unterstützte sogar den Verfasser der Komödie *Les Philosophes*, Palissot, einen der giftigsten Verleumder der Enzyklopädisten (allerdings nicht Voltaires). Ein Thema, das Voltaire seiner Adressatin zuliebe bevorzugt behandelte, war die Frage nach dem Glück, das der blinden Frau – so freizügig sie auch lebte – vom Schicksal vorenthalten war. Voltaire hatte epikureische Neigungen und verfocht gern auch die Lehre vom Leichtsinn oder der geselligen Ablenkung, die den Menschen sein Elend vergessen lassen. Auf diesem Felde einer rokokohaften Einstellung fanden sich die beiden, der Patriarch von Ferney und seine am meisten geschätzte Pariser Korrespondentin. Es war nicht Liebe, wohl aber Galanterie, was sie verband.

Es bietet sich an, von hier aus zur Korrespondenz Voltaires mit der Zarin Katharina überzugehen, denn auch da herrscht, bei aller Ruhmredigkeit, der galante Ton vor. Die Korrespondenz beginnt 1762 mit einem Brief der Zarin an Voltaire, auf den dieser merkwürdigerweise erst 1765 reagiert. Allmählich aber wird der Briefwechsel lebhafter. Schließlich schrieb Voltaire 106 Briefe an die Zarin, sie 80 an Voltaire. Voltaires letzte Zeilen an Katharina verlassen Paris im März 1778, drei Wochen vor seinem Tod. – Zuerst bekundete Katharina Interesse und Gefallen an Voltaires Schriften, besonders an seiner *Geschichte Peters des Großen*, zu der sie noch mehr Material hätte beisteuern können, wie sie sagt. Später wird Voltaire ihr ein Exemplar der *Philosophie de l'histoire* widmen, an deren ätzender Kritik am Christentum Katharina keinen Anstoß nimmt. Es entsprach ihrer Gesinnung, mehr aber noch ihrer propagandistischen Absicht, mit Voltaire für sie und ihr Regime in Westeuropa zu werben. Die Zarin brauchte also den Aufklärer ebenso wie dieser sie, und wäre es nur, um seinen Freunden, denen gegenüber er oft von ihr spricht, zu zeigen, daß Friedrich nicht der einzige aufgeklärte Herrscher ist. Er ist überzeugt, daß seine Lehren bei ihr Früchte tragen. Sein politisches Denken beschränkte sich ja darauf, zu hoffen, daß die Herrschenden «Philosophen» würden. Daß das keine dauerhafte Lösung der Probleme der Zeit sein konnte, sah er nicht oder wollte er nicht sehen. Erstes Indiz für die Übernahme Voltairescher Ideen war für die Zarin, daß sie und ihr Hofstaat sich gegen die Pocken impfen ließen: eine Empfehlung in Voltaires *Lettres philosophiques*. Höhepunkt der Bewunderung Voltaires für die Zarin war dann der «Nakaz» von 1766, eine Instruktion für die verfassunggebende Versammlung, die Katharina einzuberufen gedachte (die aber nie zustande kam). Darin ordnete die russische Herrscherin an, daß in ihrem Reich Toleranz gelten solle; das sei die einzige Garantie für Ruhe und Ordnung in einem Staat mehrerer Religionen und Völkerschaften. Voltaire reagierte prompt, indem er den Text ins Französische übersetzen und alle Welt wissen ließ, wie die Zarin sich für die Duldsamkeit einsetzte (was ebenfalls weitgehend unwirksam blieb). Die Zarin schenkte dem fröstelnden Greis dafür einen Mantel aus sibirischen Zobelpelzen; er stellte sich ostentativ auf ihre Seite, als sie gegen die Türken Krieg zu führen begann. Er schrieb, auch wenn es verdächtig christlich aussehe, freue er sich über jeden ihrer Siege über die Heiden. Er nannte Katharina die «Semiramis des Nordens» und behauptete: «c'est du Nord aujourd'hui que nous vient la lumière – aus dem Norden erscheint uns heute das Licht». Voltaires Lobeshymnen an die Adresse der Zarin wirken nur deswegen weniger peinlich als jene für Friedrich den Großen, weil sie mit Galanterie und Humor gewürzt sind. Daß er die Zarin wirklich bewunderte, läßt sich an den wiederholten Beteuerungen ablesen, er wolle lieber heute als morgen zu ihr reisen (woraus natürlich nichts wurde). In den letzten Briefen des Patriarchen an die aufgeklärte Fürstin steckt viel Verschmitztheit und fast so etwas wie Vertraulichkeit. Einmal entschuldigt sich der Greis dafür, daß er ihr so lange nicht geschrieben habe, damit, daß er seine diesbezügliche Sünde dem Pfarrer seines Dorfes gebeichtet habe. Der aber läßt den Priester mit einer zungenbrecherischen Wendung, die die Zarin zum Lachen gebracht haben dürfte, sagen «une autocratrice impératrice bienfaitrice» wie Katharina sei von morgens bis abends beschäftigt und werde ihm sein langes Schweigen nicht übelnehmen (Brief vom 24. Januar 1777, Bestermann D 20543). Der Ton erinnert an Voltaires Briefe an Mme Du Deffand. Die Zarin ihrerseits ließ 100 Exemplare der Kehler Voltaire-Ausgabe anschaffen und kaufte Voltaire seine Bibliothek ab. Sie wurde nach dessen Tod nach Sankt Petersburg gebracht, wo sie sich – wie diejenige Diderots – noch heute befindet.

Viertes Kapitel

England-Erfahrungen

Um die Bedeutung von Voltaires Englandbriefen zu verstehen, muß man sich daran erinnern, daß England das Ursprungsland der Aufklärung gewesen ist. Um diesen Sachverhalt zu erklären, muß man weit in die englische Geschichte zurückgreifen. Seit dem 14. Jahrhundert gab es auf der Insel bereits ein Adelsparlament, dem auch der niedere Adel, die «gentry», und die reich gewordenen Bürger angehörten. Sie stellten gemeinsam das Gegengewicht gegen die Könige dar – Voraussetzung für die relativ freiheitliche Verfassung des Reiches in späterer Zeit. Auch die Abtrennung von Rom und die Gründung der anglikanischen Kirche zählt insofern zu den Voraussetzungen dieser Verfassung, als es nach wie vor in England Katholiken, aber auch eine Anzahl anderer religiöser Gruppierungen gab, deren Existenz, nach mancherlei Kämpfen schließlich, im 18. Jahrhundert, zum Aufkommen der Toleranzidee führte, einem zentralen Anliegen der Aufklärung, das niemand mehr am Herzen lag als Voltaire. Zwar war nach dem Tode Cromwells, der vorübergehend die Monarchie abgeschafft hatte und 1649 den König hinrichten ließ, das Königtum wieder erstarkt, und die Stuarts betrieben sogar so etwas wie eine «Rekatholisierungspolitik», wie Werner Schneiders in seinem Buch *Das Zeitalter der Aufklärung* (²2001, 21 ff.) schreibt, aber den letzten Stuart, Jakob II., setzte das Parlament ab, und Wilhelm von Oranien wurde als William III. zum englischen König ausgerufen, dem die Hände frei waren (wie Voltaire sagt), das Gute zu tun, während das Parlament sie ihm band, wenn er Schlechtes vorhatte. Das war die «*Glorious Revolution*», der politische Auftakt zur Aufklärung. Jakob aber emigrierte nach Frankreich und diente dort, mit einigen Mitexilierten wie Lord Bolingbroke, dem Anführer der Tories, der sich nun entwickelnden Beziehung zwischen England und Frankreich. Zu den frankophilen Begleitern des Königs zählte unter anderem der Graf Hamilton, ein Ire, der einen der besten Erinnerungsromane – auf französisch – schrieb, die *Mémoires du Comte de Grammont* (1713). Auch der Philosoph David Hume hat längere Zeit in Frankreich gelebt (um dieses herausragende Beispiel noch zu nennen). England war für die Franzosen des 17. Jahrhunderts eine «terra incognita» gewesen, über die nur Klischeeurteile kursierten, wie La Fontaine sie in einer Fabel (Le renard anglais) zusammengefaßt hatte:

> Les Anglais pensent profondément,
> Leur esprit, en cela, suit leur tempérament,
> Creusant dans les sujets, et forts d'expérience,
> Ils étendent partout l'empire des sciences.
>
> (Die Engländer sind tiefe Denker,
> Ihr Geist folgt darin ihrer Veranlagung,
> Sie dringen tief in die Gegenstände ein,
> Und verbreiten, erfahrungsgestärkt,
> überall die Herrschaft der Wissenschaft.)

Es lohnt sich, diese Verse anzuführen, denn nicht wenige der darin aufgezählten Eigenschaften werden den Engländern auch später noch zugeschrieben werden, selbst nachdem Voltaire über sie Bericht erstattet hat. Tiefschürfendes Denken, eine gewisse Neigung zum «Spleen», worunter man ursprünglich eine Art Melancholie verstand, aber auch der Empirismus und die Verbreitung der Naturwissenschaften, bleiben in den Augen der Franzosen – und damit Europas – die Hauptneigungen und Vorzüge der Briten.

Tatsächlich traten bald zu den politischen Freiheiten die geistigen: zum Parlamentarismus kam die unter Wilhelm von Oranien verkündete Pressefreiheit und eine, wenn auch de facto begrenzte Duldsamkeit: «Kompromisse und relative Toleranz anstelle gegenseitiger Verfolgung», schreibt Schneiders, «begannen sich in England einzubürgern». Das genügte schon, um Voltaire, der 1722 Lord Bolingbroke auf seinem Landgut in der Sologne besucht und sich mit ihm angefreundet hatte, für England einzunehmen. Noch wußte der junge Dichter, der ja nur als Dramatiker und Epiker in Erscheinung getreten war, nichts oder nicht viel von Philosophie. Als er dann nach England kam, 1726, lernte er nicht nur Newton (diesen vor allem), sondern auch Locke sowie andere Philosophen und Wissenschaftler kennen und erfuhr von Pope, wie man deren Lehren in klassizistischer Form wiedergeben konnte: der *Essay on Man*, in dem sich unter anderem ein großes Lob auf Newton findet («God said let Newton be, and all was light»), wurde zu einem Modell für Voltaires eigene Lehrgedichte. An der Übersetzung des Gedichts durch einen Freund Voltaires, den Abbé Du Resnel, nahm Voltaire nicht nur lebhaften Anteil, es scheint, daß einige Verse sogar von ihm stammten. Das war ein Vorgriff. Gesagt werden müßte jedenfalls, daß der nunmehr Dreißigjährige genug über England und die Engländer wußte, um den Wunsch zu haben, selbst dorthin zu reisen. Als er infolge des Streits mit dem Chevalier de Rohan zum zweiten Mal in die Bastille eingeliefert worden war, wurde ihm, als inzwischen doch schon berühmtem Dichter, die Möglichkeit außer Landes zu gehen, geboten, und er entschied sich für England. Natürlich hatte auch er von anderen französischen Englandreisenden gehört und wußte, daß er den Spuren Montesquieus oder des Abbé Prévost folgen würde, vor allem aber denen des Schweizers Beat von Muralt, der 1694/95 in England weilte und 1725 in seinen *Lettres sur les Anglais et les Français* anschaulich über die Inselbewohner berichtet hatte. Wenn Voltaire diese Briefe nicht gekannt haben sollte, müssen sie dennoch erwähnt werden, denn sie bereichern das stereotype Bild von den melancholischen, aber eben auch pragmatisch denkenden und wissenschaftlich interessierten Briten um einige neue Züge: die bis zur Wildheit gehende Freiheitlichkeit und – gänzlich unphlegmatische – Leidenschaftlichkeit sowie eine bis zum Kauzigen reichende Originalität, lauter Eigenschaften, die den glattgeschliffenen Franzosen mit ihrer Höflichkeit, ihrem Konformismus und ihrer Galanterie entgegenstehen. Voltaire wird das Englandbild der Franzosen noch mehr erweitern, aber alle diese Züge bleiben erhalten: auch für ihn als Reisenden gilt, daß das «Suchbild das Fremdbild verdrängt», will sagen, daß Voltaire in England fand, was er schon an Vorstellungen in sich trug, als er dorthin kam. Immerhin, er lernte in kurzer Zeit so gut englisch, daß er sich mit seinen Gastgebern unterhalten, Theateraufführungen folgen und nicht nur englische Bücher lesen, sondern auch englisch schreiben konnte. Bis dahin hatte er ja fast nur Verse geschrieben; als Prosaist trat er erstmals in englischer Sprache hervor – nämlich mit der Urfassung seiner Englandbriefe und einigen weiteren Schriften –, so daß man gesagt hat, Voltaire habe als «englischer Schriftsteller» begonnen. Aber die Urteile französischer Forscher, vor allem von André Michel Rousseau, dem besten Kenner der Anglophilie Voltaires, sehen etwas zu positiv aus. Liest man die erste Version der *Lettres philosophiques*, das heißt die *Letters upon the English Nation*, die Voltaire etwa zur Hälfte selbst geschrieben hat, während ein Engländer, John Lokman, den Rest redigierte, so kann man nur sagen, sein Englisch war korrekt, umgangssprachlich gut und verständlich, aber elegant war es nicht, witzig schon gar nicht. Die Einübung ins Englische bekam dem französischen Prosaisten besser als dem «englischen Schriftsteller».

Wie sahen Voltaires England-Erfahrungen wirklich aus? Ich folge hier dem entsprechenden Kapitel in René Pomeaus Biographie, «*Devenir anglais à Londres*» (Bd. I, 212 ff.). Als unser Frankreichflüchtling mit dem Schiff, das ihn über den Kanal gebracht hatte, in die Themse einfährt, ist Frühling, ein fröhliches Völkchen umsäumt die Ufer, auf dem Fluß sieht man zahlreiche Schiffe, der Himmel ist wolkenlos, eine frische Brise bringt angenehme Kühlung, und in der Nähe von Greenwich erblickt der Ankömmling auf einer goldenen Barke den König und die Königin, denen Boote mit Musikanten vorausfahren, die ihre Musik über das Wasser erklingen lassen. Die Matrosen sind anständig gekleidet, ihrem Gehabe glaubt Voltaire entnehmen zu können, wie gut es ihnen geht, wie frei und glücklich sie sind. Diese Beschreibung sollte ursprünglich den Anfang der Englandbriefe ausmachen. Warum Voltaire sie durch seinen Besuch bei einem Quäker ersetzt hat, ist schwer zu sagen. Vielleicht erschien ihm das Bild denn doch zu rosig, vielleicht wollte er gleich von Beginn an schon auf das erste Thema der Briefe zusteuern, die Religion. In London begab sich Voltaire zu seinem Bankier, einem portugiesischen Juden. Doch der hatte Bankrott gemacht. Nur ein kleines Trostgeld konnte Voltaire ihm statt der erwarteten 20 Francs, schimpfend und protestierend, entlocken. (In Wahrheit habe Voltaire nicht 20 000, sondern nur 8 bis 9000 Francs auf sein Konto überwiesen, weiß Pomeau zu berichten, 214). Wie auch immer, das war ein schwerer Schlag! Mit dem wenigen Geld, das er hatte, quartierte Voltaire sich bei einem Kaufmann namens Fawkener ein, der in Wandsworth, heute einem Londoner Vorort, damals auf dem Lande, wohnte. Dieser hat in Voltaires Englandaufenthalt eine große Rolle gespielt. Auch wenn Voltaire zeitweilig in die Stadt zog, um ins Theater zu gehen und am gesellschaftlichen Leben teilzunehmen, kehrte er doch häufig nach Wandsworth zurück. Fawkener war ein gebildeter Mann aus der Gentry; er hatte Jahre im Vorderen Orient zugebracht und war mit dem Export von Wolle in die Türkei sowie dem Import von Seide, die übers Meer nach England gebracht wurde, reich geworden. Im Orient hatte er die Muslims kennengelernt und Voltaire hörte ihm interessiert zu, wenn er davon erzählte. Außerdem war Fawkener humanistisch gebildet. Man verstand sich also gut, Voltaire war nicht «dépaysé». Er lernte innerhalb von drei Monaten soviel englisch, daß sein Verkehr sich nicht etwa nur auf die französischen Emigranten in London und auf die frankophile Society beschränken mußte. Um sich zu schulen, übersetzte er, als er den Quäker Andrew Pitt kennengelernt hatte, aus dem Lateinischen die *Apologia verae theologiae christianae* von Barclay ins Englische, eine Grundschrift der Quäker. Und er schrieb englische Briefe an seine Freunde, vor allem an Thiriot, der englisch konnte. In London besuchte Voltaire das Drury Lane Theater, sah Shakespeares *Hamlet* und *Julius Caesar*, die ihn tief beeindruckten, und ließ sich vom Souffleur (findig, wie er war) die Texte geben, die gespielt worden waren. Bei seinem Eintritt in die High Society war ihm wieder Lord Bolingbroke behilflich, der 1723 nach England zurückgekehrt war, nicht aber im Parlament saß, denn dort regierten immer noch die Whigs. Bolingbroke, aus altem englischen Adel, hatte eine Französin geheiratet, Mme de Villette, und sprach fließend französisch. Er bewohnte ein Palais und lebte auf großem Fuße, verkehrte mit allen Größen seines Landes und verschaffte Voltaire die Bekanntschaft mit Locke, Pope, Swift und anderen Intellektuellen. Er selbst war ebenso humanistisch gebildet wie aufklärerisch eingestellt, ein Liebhaber Vergils und Miltons; er war zwar ein Libertin, aber seine Frau war in Mme de Maintenons frommem Mädchenpensionat erzogen worden. Von Bolingbroke ist die Anregung zu Händels erstem Oratorium, *Athalia*, ausgegangen, was sich wohl daraus erklärt, daß seine Frau die Aufführung der *Athalie* von Racine in Saint-Cyr erlebt hatte. Bolingbroke war ein Kosmopolit, ein Kunstliebhaber und Mäzen, der sich auch in der englischen Philosophie auskannte. Voltaire hat dem Lord ein ungetrübtes Andenken bewahrt und ihn verschiedentlich in seinen Schriften zu Wort kommen lassen, am eigenwilligsten im *Examen important de Milord Bolingbroke*, einer Christentumskritik, die Voltaire selbst verfaßt hatte. Sie erschien erst 1766, soll aber schon 1736 verfaßt worden sein, wie Roland Mortier in seinem Artikel des *Dictionnaire de Voltaire* festhält.

Im Winter 1726/27 hält Voltaire sich in London auf, und es gelingt ihm Ende Januar 1727, dem König vorgestellt zu werden, was in allen Londoner Gazetten vermerkt wird. Er weitet seine Beziehungen zum englischen Adel aus, nicht zuletzt, um Subskribenten zu werben, denn er bereitet eine Luxusausgabe seiner *Henriade* vor, die auf diese Weise finanziert werden sollte (und wurde). Einige hohe Herren bestellten gleich mehrere Exemplare. Schließlich hat Voltaire 343 Subskribenten gewonnen, und die *Henriade*, die er nach dem Tode von George I. dessen Witwe Caroline widmete, erschien im März 1728. Es war ein aufsehenerregender Erfolg. Die französische Zensur verbot den Import der Dichtung nach Frankreich. Das hat Voltaire nicht gehindert, ab 1730 eine Ausgabe nach der anderen auch in seinem Heimatland herauszubringen. Voltaire bleibt also einerseits der epische Dichter, andererseits vertieft sich sein Interesse für philosophische Fragen, und er interessiert sich nicht nur für die Quäker, sondern auch für die anderen Sekten, die in England mehr oder minder florieren. Überdies nimmt er Kenntnis von den englischen Bibelkritikern, an die er sich später in seiner eigenen Bibelkritik halten wird. Der beständige Umgang mit Engländern, sein Verkehr in der Londoner Gesellschaft und seine Lektüren bewirken, daß er, nach eigener Aussage, englisch zu denken beginnt. Er ist, sagt er, zum «Engländer geworden» (Pomeau 225). Unter den Dichtern, die er kennengelernt hat, nimmt der ihm geistesverwandte Swift den ersten Platz ein, aber auch den Verfasser der *Beggars opera*, Gay, lernt er kennen und verträgt sich gut mit ihm, während es mit Pope zu einer Entzweiung kommt, weil Voltaire, als er bei diesem in Twickenham zu Gast ist, eine ziemlich skabröse Geschichte über sich und die Jesuiten zum Besten gibt, die den katholischen Dichter schokkierte. (Immer wieder geht sein loses Mundwerk mit Voltaire durch!) Im übrigen bewundert er zwar den Wohlstand der Engländer ebenso wie deren Freiheitlichkeit und vermeintliche Toleranz, aber für die aufkommende Industrie hat er kein Auge. Lediglich die Versorgung Londons mit fließendem Wasser hat es ihm angetan, und er hat versucht, das System in Paris einzuführen, wo nach wie vor die laut rufenden Wasserträger die Haushalte mit Brunnenwasser versorgten. Auch einen funktionierenden Postverkehr gibt es bereits in England, während er in Frankreich («la petite poste») erst nach der Jahrhundertmitte eingerichtet wird. Schließlich erkennt Voltaire den Nutzen der Pockenimpfung und propagiert sie, auf Anregung, wie es heißt, von Lady Montagu, der schriftstellernden Gattin des englischen Botschafters an der Pforte. A propos: auch Mohammedaner gibt es natürlich in der Weltstadt London, und Voltaire informiert sich bei ihnen über ihren Religionsstifter, kauft und liest in englischer Übersetzung den Koran.

Merkwürdigerweise muß ihm gegen Ende seines Englandaufenthaltes das Geld ausgegangen sein. Er verläßt die Insel (die er schon einmal für einen kurzen Zwischenaufenthalt in Paris verlassen hatte) 1728 inkognito und hält sich, hungernd und kränkelnd, eine Zeitlang in Dieppe auf. Erst danach wird er mit dem Kauf einer Serie von Lottoscheinen den Grundstock zu seinem Vermögen legen. In England selbst hatte er, typisch für ihn, einmal in Saus und Braus, ein andermal kärglich und darbend, aber immer arbeitsam, gelebt, so daß die Erinnerung an seine zweieinhalb Englandjahre nicht nur Positives enthielten.

Im Gegenteil. Zurück in Frankreich, muß Voltaire seine unguten Erfahrungen (wir wissen nicht genau, welche) erst einmal verkraften. Er hat zwar seinen Bericht schon teilweise zu Papier gebracht, aber es werden fünf Jahre vergehen, bis er zuerst die englische Fassung, dann auch die französische Version seiner Englandbriefe veröffentlicht. Er nennt sie in seiner Korrespondenz meist *Lettres anglaises*, aber in der ersten französischen Ausgabe, die 1734 in Rouen erscheint, *Lettres philosophiques*. Der Titel paßt so schlecht nicht, weil es sich in der Tat um ein aufklärerisches Manifest handelt. «Philosophique» muß hier, wie immer, mit «aufklärerisch» wiedergegeben werden.

Das erste, aber nicht das einzige Ziel der Schrift, die nun erst recht den typischen Prosastil Voltaires zu erkennen gibt, ist die Präsentation Englands, der englischen Eigenarten, Leistungen und Vorzüge, die er seinen französischen Lesern im Sinne eines kritischen Spiegels vor Augen hält: dies sind die Verhältnisse, die man in Frankreich, dem noch immer absolutistisch regierten und katholischen Land, herstellen sollte. Da Voltaire nicht nur mit den undogmatischen, karitativ tätigen und pazifistischen Quäkern sympathisiert, sondern deren Gottglauben dem eigenen Deismus gleichstellt, versteht es sich, daß die französische Zensur eingreifen mußte. Die *Lettres philosophiques* wurden prompt vom Pariser Parlament verboten, vom Henker zerfetzt und vor dem Palais de Justice verbrannt. (Der Justizbeamte, erzählt Pomeau, der das Feuer beaufsichtigen sollte, war jedoch ein Bibliophile, griff nach dem Exemplar der *Lettres*, ehe die

Flammen es verkohlten, und warf schnell ein x-beliebiges anderes Buch hinein.)

Mit der Vorstellung Englands und der Engländer, ihrer Sekten, ihrer Politik, ihrer Dichter, Philosophen und Wissenschaftler einher ging die Absicht, wir sagten es, der «Aufklärung». Die Toleranz, die Voltaire in propagandistischer Absicht mehr hervorhob als sie wirklich verdiente (denn Katholiken durften in England nicht ins Parlament), diese pragmatische, das Miteinanderleben ermöglichende Tugend, schien Voltaire eine Folge der Vielzahl von Sekten zu sein, womit deutlich genug die gewaltsame Durchsetzung des Katholizismus durch Ludwig XIV. verurteilt wurde; er pries sie aber – am Ende des sechsten Briefes – insbesondere als eine Folge des Handels, der England reich gemacht hat. An der Börse von London, heißt es in dem großartigen Text, mache der Jude mit dem Muslim und dem Christen Geschäfte, als gehörten sie «derselben Religion an». Abtrünnig nennt man nur die, die Bankrott machen. Sonst aber vertraut der Presbyterianer dem Anabaptisten und der Anglikaner dem Quäker; alle versammeln sich zum Wohle der Menschheit in der Börse und überlassen einem jeden seine Riten. So fördert die Toleranz Frieden und Wohlstand. «Gäbe es in England (man versteht: wie in Frankreich) nur *eine* Religion, wäre ein Despotismus zu befürchten, gäbe es deren zwei, würden sich deren Anhänger gegenseitig die Gurgel durchschneiden, gibt es deren jedoch dreißig, so leben alle in Frieden und sind glücklich.» So dieser höchst charakteristische Text des Aufklärers, auf den die ersten sechs Briefe hinauslaufen.

Es folgen die «politischen Briefe», ein Brief über den Handel, einer über die Pockenimpfung, einer über Francis Bacon, den Wegbereiter der modernen Naturwissenschaften, einer über Locke, über Newton und Descartes nebst zwei Briefen über Newtons Optik, seine Gravitationslehre und seine «Chronologie», schließlich über die englische Tragödie, mit der Vorstellung von Shakespeares *Hamlet*, dessen großen Monolog «To be or not to be» Voltaire frei, klassizistisch und aufklärerisch übersetzt, über die Komödie der Restaurationszeit, über die «großen Herren, die sich der Literatur befleißigen», über einige weitere

Dichter, die Voltaire kennen- und schätzen gelernt hat: Rochester, Waller und Pope, endlich ein Kapitel über die soziale Stellung der «Gens de lettres», die Voltaires Neid erweckt. Ein Brief über die englischen Akademien und, kurioserweise, eine Folge kritischer Bemerkungen über Pascal bilden den Schluß. Es ist ein locker gefügtes, abwechslungsreiches, essayartiges Schriftwerk, von dem man zu Recht gesagt hat, es enthalte den ganzen Voltaire «in nuce».

Fünftes Kapitel

Voltaires Theater

1708 hatte der junge Arouet die Aufführung einer lateinischen Tragödie seines Lehrers, des Jesuitenpaters Porée, im Collège Louis-le-Grand miterlebt. Sie handelte vom Caesar-Mörder Brutus. Der begabte Schüler machte sich daraufhin gleich daran, selbst eine – ebenfalls lateinische – Tragödie zu verfassen, die nicht erhalten ist. Voltaire, vielmehr François-Marie Arouet, wie er damals noch hieß, verdiente sich also schon auf der Schule die ersten Sporen als Dramatiker. Es verwundert daher nicht, daß er, humanistisch gebildet und klassizistisch orientiert wie er war, seine Karriere mit einem Trauerspiel nach antikem Muster, *Oedipe*, begann. Man hat vermutet, die Wahl dieses Stoffes hinge mit dem gespannten Verhältnis zu seinem Vater zusammen, aber das dürfte denn doch eine zu freudianische Annahme sein. Der angehende Dichter wollte vielmehr mit Corneille rivalisieren, der 1659 einen *Oedipe* verfaßt und damit großen Erfolg gehabt hatte. Die Schauspieler der *Comédie française*, die über Annahme oder Ablehnung der ihnen angebotenen Stücke zu entscheiden pflegten, zogen jedoch Corneilles Tragödie vor und führten sie 1714 wieder auf. Wahrscheinlich vermißten sie an Voltaires Tragödie eine Liebesintrige. Die lieferte der hellhörige Jungdichter alsbald nach, und in dieser Gestalt wurde sein *Oedipe* 1718 aufgeführt. Es wurde ein triumphaler Erfolg. Mit einem Schlag war der Verfasser berühmt. Ein Nachfolger Corneilles oder Racines schien gefunden. Tatsächlich hatte Voltaire die Gräßlichkeiten der Ödipussage mit einer galanten Nebenhandlung versüßt: er erfand einen Liebhaber für Jokaste, Philoktet, um dessentwillen sie schon Laios nur aus Pflichtgefühl geheiratet hatte. Oedipus zum Mann zu nehmen (von dem sie ja nicht wußte, daß er ihr Sohn war) widerstrebte ihr aus demselben Grunde. Als edle Seele verzichtet dann Philoktet jedoch, obwohl er gehofft hatte, selbst König von Theben zu werden. Doch das Volk sah in ihm, als Bewerber um Jokastes Hand, den Mörder des Laios. Nur Ödipus glaubt das nicht, weil er Philoktets Edelmut erkannt hat. Wir haben Mühe, diese modischen Zutaten zur griechischen Sage zu verkraften. Aber dem zeitgenössischen Publikum gefielen sie. Voltaire hatte gelernt, sich dessen «Erwartungshorizont» anzupassen. Das wird ein Erfolgsrezept für ihn bleiben. Was er noch alles auf die Bühne gebracht und welche Erfolge er damit gehabt hat, kann hier nicht dargestellt werden. Von den siebenundzwanzig Tragödien, die Voltaire geschrieben hat, sollen daher im folgenden nur vier, von den Komödien (die eigentlich interessanter sind) sechs besprochen werden. Daß Voltaire seiner Zeit vor allem als Theaterdichter galt und man ihn mit Corneille und Racine auf eine Stufe stellte – zwischen «Klassik» und «Klassizismus» unterscheiden bis heute nur wir Deutschen, die Franzosen, die für beides dasselbe Wort «le classicisme» verwenden, nicht –, wurde schon angedeutet. Wo immer eine neue Tragödie Voltaires aufgeführt wurde, in London, Berlin, Sankt Petersburg, Neapel, Stockholm oder Buenos Aires, erregte das Aufsehen, und die meisten dieser Stücke hatten durchaus Erfolg. Für das Ansehen des Tragödiendichters ist bezeichnend, daß selbst Albrecht von Haller, der Redakteur der *Göttingischen Gelehrten Anzeigen*, der doch Naturwissenschaftler war, sich nicht zu gut gewesen ist, Voltaires neueste Hervorbringungen auf diesem Gebiet zu besprechen. Meistens gefiel ihm die klassizistische Form, während er die religionsfeindliche Tendenz kritisierte.

Das Ödipusdrama lebte von der Frage «Wer ist der Mörder?» Die Verdächtigung Philoktets war eine falsche Spur, die nur die

Antwort hinauszögern sollte. Auch der Chor der Hohepriester, den Voltaire – nach dem antiken Muster – in seine Tragödie eingefügt hatte und dessen feierliche Prophezeiungen die Zuschauer erschauern ließen, wirkte sich spannungssteigernd aus. Voltaire folgte nicht allein dem Muster, er mag sich dabei auch der Chöre erinnert haben, die Racine in seine *Athalie* eingefügt hatte, eine Tragödie, die er trotz ihrer christlichen Motivik schätzte. Was der Chor vorträgt, belastet Ödipus. Doch zunächst glaubt das keiner. Können Priester nicht auch Betrüger sein? Der diese aufklärerische Vermutung ausspricht, ist ausgerechnet Philoktet. Ich zitiere seine skandalträchtigen Worte:

> Nos prêtres ne sont point ce qu'un vain peuple pense:
> Notre crédulité fait toute leur science.
> (Verse 951/52)
>
> Unsere Priester sind nicht, was das eitle Volk denkt:
> Unsere Leichtgläubigkeit macht ihr ganzes Wissen aus.

Es war in Wahrheit Voltaire, der das sagte. Zum ersten Mal begegnen wir hier seinem Erfolgsrezept, aufklärerischen Wein in klassizistische Schläuche zu gießen. Hätte man ihm einen Vorwurf daraus gemacht, hätte er sagen können: Philoktet irrte, denn die Priester sagten ja doch die Wahrheit. Endlich erscheint Phorbas, der Hirte, der seinerzeit Laios begleitet hatte und klärt den Fall auf – schrittweise, versteht sich, damit die Spannung bis zum Schluß anhält. Zuerst erfährt man nur, daß der Sohn seine Mutter geheiratet hat, worauf dieser ihr gleich das Schwert übergeben will, um ihn zu töten. Jokaste aber denkt vernünftig und sagt:

> Vous êtes malheureux, et non pas criminel.
>
> Du bist unglücklich und kein Verbrecher.
> (Vers 151).

Bei dieser Auffassung bleibt sie auch, als sie erfährt, daß Oedipus seinen Vater erschlagen hat. Da sagt sie, die Götter hätten ihn ja zu dem Verbrechen angestiftet. Und so lautet dann auch das letzte Wort der Jokaste, den Himmel anklagend:

Impitoyables dieux, mes crîmes sont les vôtres!

Ihr unbarmherzigen Götter, meine Verbrechen sind die Euren!

Setzt man für «die Götter» Gott, was hier nicht unerlaubt ist, erkennt man, wie sich in Voltaires erster Tragödie bereits die für den Aufklärer so bezeichnende Religionskritik geäußert hat. Sie hat dem Erfolg des *Oedipe* nicht geschadet, im Gegenteil: 45 Wiederholungen nach der Premiere und bis 1853 insgesamt 336 Aufführungen an der *Comédie française* sprechen dafür.

Wenn im folgenden nun von *Zaïre*, *Mahomet* und *Alzire* die Rede sein wird, geschieht das hauptsächlich, um zu zeigen, wie da die Mischung von Klassizismus und Aufklärung, das heißt Religionskritik, aussieht. – Zunächst: *Zaïre*.

Entstanden 1732, ist diese Tragödie Voltaires erfolgreichstes Theaterstück überhaupt gewesen: auf die einundzwanzig Reprisen nach der Uraufführung an der *Comédie française* folgten bis heute dortselbst insgesamt 488 Wiederholungen. Den zeitgenössischen Erfolg bestätigen nicht weniger als vier Parodien (je mehr Anklang ein Stück gefunden hatte, desto lohnender erschien es, es zu parodieren). Übersetzungen ins Italienische, Holländische, Dänische, Schwedische, Deutsche und Englische folgten: in ganz Europa wurde *Zaïre* aufgeführt, und Komponisten wie Michael Haydn, Mercadante und Bellini verwandelten das Stück in eine Oper. Der Herausgeber des *Théâtre du XVIIe siècle* in der «Bibliothèque de la Pléiade», Jacques Truchet, nennt *Zaïre* ein Meisterwerk («chef d'œuvre», Band I, 1972, 1407), und Victor Klemperer, der die Tragödie in seiner *Geschichte der französischen Literatur im 18. Jahrhundert* (Band 1, 57–60) ausführlich bespricht, nennt das Stück «Voltaires innigstes und bestes Trauerspiel», ja (man lese und staune!) «die beste französische Tragödie des Jahrhunderts überhaupt» (1954, 57). Truchet begründet sein Urteil damit, daß Voltaire sich darin von Shakespeare habe beeinflussen lassen und zugleich ein historisches und aufklärerisches Drama aus einem Guß geschaffen habe, obwohl es nicht leicht war, diese verschiedenen Elemente zu einem Ganzen zusammenzuschweißen.

Worum geht es? Sultan Orosmane hat Jerusalem, das die Kreuzritter eingenommen hatten, zurückerobert; den Anführer der «Franken», Lusignan, hält er gefangen. Er liebt Zaïre, eine Sklavin und ein Findelkind, und auch Zaïre liebt ihn. Eine Heirat scheint bevorzustehen. Da erscheint Nérestan als Abgesandter der «Franken», um mit anderen Christen auch Zaïre, seine Schwester, auszulösen. Orosmane gibt zwar hundert christliche Sklavinnen frei (für die Nérestan ein reichliches Lösegeld zahlt), nur nicht Lusignan, den Anführer der Christen, obwohl Zaïre sich für den Greis einsetzt. Da erfolgt der erste «coup de théâtre»:

Lusignan ist Zaïres Vater, sie aber ist Heidin geworden. Der Alte fordert sie auf, zum Glauben der Väter zurückzukehren. Zaïre ist, trotz der Gefahr, dadurch ihren Geliebten zu verlieren, bereit dazu (ihr geht Gehorsam über Liebe). Immerhin, in einem Konfliktmonolog müssen Pflicht und Leidenschaft gegeneinander aufgewogen werden. Muß sie wirklich auf Orosmane verzichten? Schließlich erklärt Zaïre dem Geliebten, sie könne ihn nicht heiraten – ohne zu sagen, warum. Orosmane vermutet, Nérestan sei sein Rivale, denn er weiß nicht, daß dieser Zaïres Bruder ist. Er tobt vor Eifersucht – hier, heißt es, habe Shakespeares *Othello* Pate gestanden –, und als er einen Brief Zaïres in die Hand bekommt, in dem sie Nérestan verspricht, zu einem Rendez-vous zu kommen, ersticht der Heide die Neu-Christin. Er vermutete ein Liebestreffen, in Wahrheit war nur eine Taufe geplant. Als er seinen Irrtum erkennt, ist es zu spät. Orosmane kann nur noch seinen Edelmut beweisen, indem er alle Christen freigibt. Dann entleibt er sich.

So betrachtet, erkennt man gleich, wie recht Lessing hatte, wenn er meinte, Voltaire verwechsle Mißverständnis mit Tragik. Warum durfte in dem Brief Nérestans an Zaïre nicht stehen, daß eine Taufe geplant war? Und warum sagte Zaïre das nicht? «Hätte Zaïre nicht geschwiegen, wäre die Tragödie in die Pilze gegangen», liest man im 16. Stück der *Hamburgischen Dramaturgie*. Dennoch: Voltaire bewies Originalität mit der Wahl des historischen Themas. Er hat *Zaïre* Fawkener gewidmet und das englische Theater in seiner Widmung dafür gelobt, daß es solche nationalgeschichtlichen Themen behandelte. Damit wollte er wetteifern. Das Rezept, das er dabei anwandte, war nicht schlecht: man erfinde neben einigen historischen Gestalten einige andere, schaffe ein überzeugendes «Lokalkolorit» (wir befinden uns in Palästina zur Zeit des siebten Kreuzzugs, das heißt in der Mitte des 13. Jahrhunderts) und knüpfe an das historische Geschehen an (Orosmane war ein Enkel des Sultans Saladin, der 1187 Jerusalem zurückeroberte; auch Lusignan ist eine historische Gestalt).Und dann flechte man eine dramatische Liebesverwicklung in das Geschehen. Nicht wesentlich anders sahen Shakespeares «historical plays» aus, nicht wesentlich anders die historischen Dramen von Victor Hugo. Wie Othello sollte Orosmane ein Kriegsheld sein, der als Orientale, von blinder Leidenschaft hingerissen, seine Geliebte ermordet, die er für untreu hält – zugleich aber sollte er Großmut beweisen: eine echt tragische Figur. Freilich: bei Shakespeare empfindet man die Leidenschaft, bei Voltaire wird sie nur analysiert. Die Historizität aber, das muß hier unser letztes Wort sein, dient Voltaire ja nur dazu, zu demonstrieren, wie Glaubensunterschiede Menschen zerstören können. Hat man früher gemeint, Voltaire schreibe ein prochristliches Stück – denn die Kreuzritter werden ja nicht perhorresziert, wie man das von Voltaire als aufgeklärtem Historiker hätte erwarten können, im Gegenteil: sie befinden sich in einer Art edlem Wettstreit mit dem Heiden Orosmane –, so ist uns heute klar: es handelt sich um ein religionskritisches Drama, also wieder eine klassizistische Tragödie mit aufklärerischer Tendenz. Wozu zu sagen wäre, daß sie die des *Ödipus*-Dramas insofern übertrifft, als hier die Handlung selbst zeigt, wie verheerend sich Glaubenseifer im Menschenleben auswirken kann, und dies nicht durch aufgeklebte Etiketten, in Sprechblasenmanier, wie noch beim *Oedipe*, verdeutlicht werden muß.

Es liegt nahe, von hier zu *Le Fanatisme ou Mahomet le prophète* überzugehen. Diese Tragödie, die 1741 in Lille aufgeführt wurde, weil die Zensur eine Inszenierung in Paris verbot, ist nur noch scheinbar in ein historisches Gewand gekleidet. In Wahrheit hat Voltaires Mahomet – Mohammed – so gut wie nichts mit dem Begründer des Islam zu tun. Er ist ein skrupelloser

Machtmensch, der sich eine religiöse Aura verschafft, um desto mehr Gewalt über seine Mitmenschen zu haben. Das Thema ist also eigentlich der Mißbrauch der Religion zu politischen Zwecken. Damit ist Voltaires hier nun überwiegend aufklärerische Absicht gekennzeichnet. Das Stück bekam den Obertitel «Le fanatisme», wollte aber als ein Plädoyer für Toleranz verstanden werden (und ist auch so aufgefaßt worden vom Herzog von Weimar, der Goethe nahelegte, das Stück zu übersetzen, was 1799 geschah. 1800 wurde es in Weimar auf die Bühne gebracht.)

Mahomet hat es vom Kameltreiber zum religiösen und politischen Oberhaupt seines Volkes gebracht. Er hat Zopire, den «Scheich von Mekka» entmachtet und liebt dessen Tochter Palmire. Sie ist, wie Seïde, ihr Bruder, in jungen Jahren in Mahomets Hände gelangt und weiß weder, daß Zopire ihr Vater, noch daß Seïde ihr Bruder ist, im Gegenteil: die beiden lieben einander. Auch Seïde weiß weder von seinem Vater noch von seiner Schwester. Um seinen bedingungslosen Gehorsam zu beweisen – richtiger müßte man von Hörigkeit sprechen – soll Seïde den «Scheich von Mekka» umbringen. Er tut das auch, erfährt aber von dem Sterbenden, daß dieser sein Vater ist. Mahomet verspricht Seïde die Hand der Palmire, wenn er die Untat begangen habe, doch dann läßt der schurkische Religionsstifter den jungen Mann an einem langsam wirkenden Gift sterben. Das stellt er als ein Gottesurteil hin. Er will Palmire selbst haben, die aber hat den Betrug durchschaut und tötet sich.

Daß wir es hier mit einer «pièce à thèse» zu tun haben, ist evident. Mahomet ist ein Machiavellist, dem alle Mittel recht sind, wenn sie seinem Zweck dienen. Die klassizistische Form – stets schreibt Voltaire paarweise gereimte Alexandriner und teilt seine Stücke in fünf Akte ein – ist nur noch ein modisches Gewand, in das der Aufklärer den Inhalt kleidet. Dem Erfolg hat das nicht geschadet, obwohl dieser nicht so groß war, wie derjenige des *Oedipe* und der *Zaïre*. So aktuell das Thema bis heute sein mag, «man merkt die Absicht, und man ist verstimmt». Es bekommt der Tragödie nicht gut, daß darin die Tendenz so kraß zutage tritt.

Wenige Worte müssen genügen, um über *Alzire ou les Améri-*

cains zu sprechen, eine 1736, also vor *Mahomet* geschriebene Tragödie, die in Lima um die Mitte des 16. Jahrhunderts spielt. Der alternde Provinzgouverneur Don Alvarès hat die Macht an seinen Sohn Gusman übergeben. Dieser ist, im Gegensatz zu seinem Vater, ein christlicher Fanatiker. Er liebt (wir kennen das Schema) eine Eingeborene, Alzire. Diese aber hat ihr Herz einem Angehörigen ihrer Rasse, Zamore, geschenkt. Der versucht, Alzire Gusman zu entreißen, wird aber beim Angriff auf Lima gefangengenommen. Doch es gelingt ihm, den Spanier zu erschlagen und zu entkommen. Als die Spanier dann doch die Oberhand gewinnen, soll Zamore ebenso wie Alzire hingerichtet werden. Aber Don Alvarès verzeiht beiden, vorausgesetzt, Zamore bekehrt sich zum Christentum. Gusman stirbt und schließt sich mit seinen letzten Worten dem Gnadenurteil seines Vaters an. Da zeigt sich, daß wahres Christentum darin besteht, seinen Feinden zu vergeben.

Die Handlung ist überladen, die Tendenz kaum weniger kraß als beim *Mahomet*, aber das historische «Lokalkolorit» ist wieder eine interessante Neuerung. Indem er das ferne Südamerika auf die französische Bühne brachte, folgte Voltaire der Oper *Les Indes galantes* von Rameau (von 1735). Der neue «Exotismus» gefiel den Parisern. Er präludiert übrigens den *Lettres d'une Peruvienne* von Mme de Graffigny, einem Erfolgsroman von 1747. Auch *Alzire* wurde gleich dreimal parodiert, in der Provinz und in ganz Europa gespielt, und das Stück inspirierte Verdi zu seiner Oper Alzina und ist bis 1830 immer wieder an der *Comédie française* aufgeführt worden.

Diese vier Tragödien müssen – und können hoffentlich – genügen, Voltaire als ernsten Dramatiker vorzustellen. Eine Aufzählung der weiteren dreiundzwanzig Tragödien hätte wenig Erkenntniswert. Wir wissen, wie geschickt und erfolgreich Voltaire die angesehenste Gattung der französischen Klassik weiterpflegte und wie geschickt und erfolgreich er sie in den Dienst der Aufklärung stellte. Beruhte Voltaires Ruhm in Frankreich wie in der ganzen Welt vor allem auf seinen Tragödien, so ist das Urteil über seine Komödien von Anfang an ungerecht gewesen. Er hat deren acht – und einige komödienähnliche Stücke, zum Beispiel sogenannte «Paraden» – geschrieben und nur mit einer größeren Erfolg gehabt: *Nanine*. Man gestand dem Tragödiendichter einfach nicht zu, gute Komödien zu schreiben. (So wenig, wie man Molière zugestanden hat, auch einmal eine Tragödie zu verfassen.) Den einen erschienen seine Komödien zu konventionell, den anderen waren sie nicht fortschrittlich genug. De facto hielt Voltaire sich mit zweien seiner Komödien, *L'Indiscret*, einem Einakter von 1725, und *Le Dépositaire*, einer Komödie von 1767, also am Anfang und am Ende seiner Karriere, an das klassische Vorbild. *L'indiscret* führt einen höfischen Gecken vor, einen «Petit-Maître», der sich für unwiderstehlich hält, aber mit seiner gleichzeitigen Bewerbung um zwei Frauen und seiner Prahlerei «auf die Nase fällt». Es ist eine Charakterkomödie mit antihöfischer Tendenz, insofern die «Petits-Maîtres» am Hof den Ton angaben. – *Le Dépositaire* hingegen – ganz klassisch in paarweisen Alexandrinern und fünf Akten geschrieben – ist eher dem Typus der «Sittenkomödie» («Comédie de mœurs») zuzuordnen. Ungewöhnlich daran ist, daß zwei historische Figuren, die Voltaire selbst gekannt hatte, Gourville und Ninon de Lenclos, darin die Hauptrollen spielen. Gourville ist gestorben und hat sein großes Vermögen seinen noch minderjährigen Söhnen vererbt, jedoch bestimmt, daß es erst bei deren Volljährigkeit ausgezahlt werden sollte. Bis dahin soll Garant, ein Schurke, der sich als frommer Diener der Kirche gebärdet, das Erbe verwalten. Er versucht, sich dieses mit unlauteren Tricks anzueignen, doch Ninon, die edle Kurtisane, durchkreuzt den Plan, denn sie sympathisiert mit den jungen Leuten – und bringt den einen von seinen Ausschweifungen, den anderen von seiner Weltfremdheit ab. Viel zum Teil derbe Komik und etwas Religionskritik im Gewande der Frömmler-Satire kennzeichnen diese klassizistische Komödie, die keine erkennbare Empfindsamkeit zeigt. Diese hatte Voltaire freilich als ein Zeichen der Zeit erkannt und dementsprechend auch versucht in zwei seiner Komödien einzubringen: *L'Enfant prodigue* und *Nanine*. Die erstere Komödie fußt, wie der Titel andeutet, auf dem Gleichnis vom verlorenen Sohn aus dem Lukas-Evangelium (XV, 11 ff.). Das war ein Sakrileg. Aber Voltaire plaziert, scheinbar verharmlosend, das Geschehen ins 18. Jahrhundert und in die Provinz, nach Cognac. Dort ist der eine Sohn eines Stadtbürgers namens Eudémon ein Streber und Karrieremacher, der vor Eitelkeit strotzt: Fierenfat. Der andere ist der «verlorene Sohn», der sich auf und davon gemacht hat, man weiß nicht recht, wohin. Fierenfat bewirbt sich um Lise , die Tochter eines ebenso jovialen wie betuchten Bekannten des Eudémon. Lise aber hatte sich in den Ausbrecher verliebt und will den hochnäsigen Fierenfat nicht. Die erste Hälfte der Komödie ist urkomisch, zumal auch eine lustige Zofe, Marthe, mit im Spiel ist. Doch dann kehrt der «verlorene Sohn» überraschend nach Cognac zurück. Er ist in sich gegangen, hat sich zu Tugend und Ehrsamkeit bekehrt – und bekommt dann auch Lise, während Fierenfat mit einer Witwe vorlieb nehmen muß, der er (das hatte er unterschlagen) einst ein Heiratsversprechen gegeben hatte. Die Witwe namens Croupillac – so heißt man im Périgord! – ist die komischste Person des Stückes, das in den letzten beiden Akten nicht nur empfindsam, sondern geradezu rührselig wird. Die Komödie ist ein etwas mißlungenes «mixtum compositum» aus Komik und Ernst. Sie stammt aus dem Jahre 1735. *Nanine*, 1749 geschrieben an Richardson angelehnt (den Voltaire eigentlich nicht mochte), ist hingegen ein ganz und gar empfindsames Stück, eine «comédie attendrissante», wie Voltaire sagte, der den Terminus «comédie larmoyante» vermeiden und nicht als Nachahmer von Nivelle de la Chaussée gelten wollte, an den *Nanine* effektiv erinnert. Ein Baron heiratet ein Mädchen aus der Unterschicht, eben Nanine, deren Schönheit es ihm angetan hat. Er tut das, obwohl eine verwitwete Gräfin, die den Baron haben möchte, das für einen Verstoß gegen die Standesehre hält. Also: etwas Sozialkritik, etwas Kritik am adligen Standesdünkel, aber mehr auch nicht. Das Stück gefiel dem Publikum besser als alle anderen Komödien Voltaires. Es wurde zusammen mit der Tragödie *Irène* aufgeführt, als der Patriarch 1778, um dort zu sterben, nach Paris zurückkehrte. In den Revolutionsjahren wurde es wiederholt neuinszeniert. Uns will das rührende Stück kaum noch zusagen.

Wohl aber *La Prude* und erst recht *L'Ecossaise*, die beiden

Komödien, die Voltaire nach englischem Muster gestaltet hat. *La Prude* ist eine gekürzte Neufassung von Wycherleys *Plain Dealer*, einer «Restoration comedy», die Voltaire in England kennengelernt hatte und die ihm um so besser gefiel, als sie eine Transposition von Molières *Tartuffe* ins Englische darstellte. Wycherleys *Tartuffe* ist ein Seebär, der die Menschheit haßt, aber leider bei einer Seeschlacht gegen die Holländer unterlegen ist. Sein Geld hat er einer falschen Frömmlerin anvertraut, die es, wie sich bei der Rückkehr des Kapitäns herausstellt, verpraßt hat. Die Erfahrung bestätigt den Mann in seiner Misanthropie. Voltaire hat das überlange englische Stück gestrafft und in die französischen Lebensverhältnisse zurückgeführt, sozusagen «remolièrisiert». Der zwiefache Rezeptionsvorgang ist hochinteressant, aber das Stück von 1744 wurde nicht an der *Comédie française* aufgeführt, für die es nicht passend gewesen wäre, sondern am Hof des Polenkönigs Stanislas in Lunéville. Die teilweise unerhörte Drastik des englischen Originals hat Voltaire, wie man sich denken kann, französischer «bienséance» zuliebe abgemildert. – Voltaires gelungenste Komödie aber ist die *Ecossaise* von 1760, die – ausnahmsweise – in Prosa gefaßt ist und dadurch um so natürlicher wirkt. Die Handlung spielt in einem Gasthaus in London, einem «Café», wie Goldoni das mehrfach getan hatte. Mag sein, daß seine «Bottega del Caffè» dabei Pate gestanden hat. Die weibliche Hauptperson, Lindane, ist aus Schottland geflohen, denn dort ist Krieg. Sie hat in dem «Café» Zuflucht gefunden und wird nicht nur von dem Wirt, sondern auch von einem Schmierfink namens Frelon – das ist Voltaires jesuitischer Sündenbock Fréron – hofiert. Sie liebt jedoch Lord Murray, einen edlen Briten. Außerdem taucht in der – höchst lebendig und anschaulich dargebotenen – Schenke eines Tages ein reicher englischer Kaufmann auf, Mister Freeport. Er hat in Jamaica gute Geschäfte gemacht, ist aber nicht knauserig, und schenkt Lindane einen guten Teil seines Geldes, ohne dafür etwas von ihr zu verlangen. Ihr Schicksal hat ihn gerührt, denn er hat (wie alle englischen Kaufleute) ein gutes Herz. Gute Manieren allerdings hat er nicht. Wie er drauflospoltert, wie unverblümt er aller Welt seine Meinung sagt, das kann einen höflichen Franzosen nur wundern. Aber so sind eben die Briten! (Das Stück steckt voller schmunzelnd vorgebrachter Klischees.) Und noch ein britisches Original gibt es in *L'Ecossaise* (richtiger: *Le Café ou l'Ecossaise*), Lady Alton. Sie liebt ihrerseits Lord Murray, den edlen Jüngling, verdingt zum Zwecke einer Denunziation den Pamphletisten Frelon, der auf die Weise in die Handlung eingebettet wird, obwohl Voltaire sich hauptsächlich an seinem Widersacher rächen wollte. Doch das fruchtet nichts, wie man sich denken kann. Lady Alton, obwohl eine Furie von einem Weibsbild, die durch die Schankstube fegt, daß es nur so staubt, verzichtet, Lindane bekommt ihren Lord Murray, an dem die Frelonsche Denunziation abgeglitten ist, obwohl inzwischen auch Lord Monrose, ihr Vater, in dem Café eingetroffen ist und natürlich nicht gleich erlauben kann, daß seine Tochter einen Engländer heiratet, da doch die Engländer mit den Schotten Krieg führen. Wie Lord Murray mit seinem Edelmut das Herz des Lord Monrose erweicht und wie er zuerst diesem sein Schwert hinhält, damit er ihn durchbohre, während er in der anderen Hand die königliche Begnadigung hält, die er für Vater und Tochter erwirkt hat, wie die Tochter daraufhin ihre Tränen trocknen und Lord Murray umarmen kann, während der Vater gerührt zuschaut, das, so kann man wohl sagen, ist eine meisterlich gestaltete «Szene für's Taschentuch». Man brauchte sie nur etwas parodistisch zu färben, und das Stück könnte noch heute aufgeführt werden.

Ich fasse zusammen: Überblickt man die enorme Zahl von Theaterstücken, die Voltaire geschrieben hat und von denen hier naturgemäß nur ein kleiner Teil behandelt werden konnte – denn Voltaires Bühnenschaffen insgesamt zu würdigen, würde ein ganzes Buch verlangen –, so fällt mehreres daran auf. Erstens überwog bei weitem die Tragödie. Das erklärt sich durch den hohen Stellenwert, den diese Gattung durch die französische Klassik, die ja eine «Theaterklassik» gewesen war, bekommen hatte. Ein ehrgeiziger, auf Ruhm erpichter Dichter wie Voltaire mußte sich geradezu auf diesem Gebiet seine Lorbeeren verdienen. Es spricht also zunächst und vor allem der Klassizist Voltaire aus seinen Tragödien. Wie weit er klassische Formen übernommen hat, konnte im einzelnen gar nicht dargestellt werden. Es ist jedoch typisch für Voltaire, daß er in seinem *Commentaire sur Corneille*, den er im Auftrag der *Académie française* verfaßte, sich noch päpstlicher gibt als der Papst, das heißt, die Gesetze und Regeln der «doctrine classique» noch enger, noch strikter auslegt als Corneille. (An Racine hätte Voltaire weniger auszusetzen gehabt.) Das Vokabular mußte erlesen sein, vom in unseren Augen eher blassen, abstrakten hohen Stil der Tragödie durfte nicht abgewichen werden, und die einst von Malherbe aufgestellten Vorschriften für Prosodie und Reim waren genau zu erfüllen. Das zu tun hat Voltaire selbst, wie er sagte, große Mühe gekostet, aber das Publikum dankte es ihm, denn es hatte ein feines Ohr für den klassizistischen Stil. Voltaire wußte also, was er tat, als er sich zum Nachfolger Corneilles und Racines aufschwang. Aber er dachte, mit den Innovationen, die er einbrachte, sei er doch auch ein Neuerer: im Südamerika der Conquista hatte noch keine Tragödie der Franzosen gespielt, auch nicht im Palästina der Kreuzzüge und des aufkommenden Islam. Uns wollen diese Neuerungen eher äußerlich erscheinen. Das Korsett der klassischen Dichtungslehre hat Voltaire nicht abgelegt. Aber – dies ist sicher der zweite Grund für seine Bevorzugung der tragischen Gattung – Voltaire wußte, wie wir gesehen haben, daß man im Gewand der Klassik aufklärerisches Gedankengut unterbringen konnte. Daran lag ihm natürlich erst recht. Daß er mehr Tragödien als Komödien geschrieben hat, dürfte auch damit zusammenhängen, daß die Ideen der Aufklärer dort besser hineinpaßten, denn die Tragödie handelte von Fürsten und Königen, wenn nicht von Gestalten der Mythologie, ihr Bereich war die Öffentlichkeit. Wollte man politische oder religiöse Themen aufklärerisch behandeln, bot sich dafür die Tragödie besser an als die Komödie.

So erklärt sich, daß der Mann, dessen Witz doch so charakteristisch war, eher zu «Trauerspielen» als zu «Lustspielen» neigte. Freilich, er hat sich auch auf dem Gebiet der letzteren mehr getummelt und besser bewährt, als man allgemein annimmt. Die Geringschätzung von Voltaires Komödien war ein Irrtum, das historische Fehlurteil ist zu revidieren. Denn Voltaires Komödien sind keineswegs alle mißlungen. Weder sind die Stücke im klassischen Stil nicht würdig, in Molières Nachfolge angesiedelt zu werden, noch können Voltaires Versuche, sich dem neuen Genre, der «Comédie sérieuse», der «Comédie larmoyante» oder dem «Drame bourgeois» anzunähern, als uninteressant angesehen werden. Er war ein großer Bühnenexperimentator und jemand, der sein Ohr «am Puls der Zeit» hatte. Vor allem «Die Schottin» war eine Reüssite. Da gelang Voltaire endlich die harmonische (oder auch etwas verschmitzt-parodistische) Verschmelzung der klassischen Komödie mit dem Bürgerdrama. Und es war auch für die englische Imprägnierung bezeichnend, die so viele Werke des späteren 18. Jahrhunderts in Frankreich kennzeichnet. Da blieb Voltaire sich als der England-Importeur, der er war, durchaus treu.

Sechstes Kapitel

Voltaire und Shakespeare

Matthias Claudius hat einmal in Verse gefaßt, wie wir heute das Verhältnis von Voltaire zu Shakespeare sehen: «Voltaire und Shakespeare: der eine/*Ist*, was der andere *scheint.*/Meister Arouet sagt: ich weine;/Und Shakespeare weint». Dieses Kurzgedicht aus der Sammlung *Epigrammatisches und Fabeln* drückt (unter dem Titel «Vergleichung») aus, was wir empfinden, wenn wir Shakespeares Dramen mit denjenigen Voltaires vergleichen, falls wir diese überhaupt noch zur Kenntnis nehmen: was wir bei dem einen unmittelbar empfinden, wird bei dem anderen analysiert und beschrieben, was bei dem einen zu Herzen geht, begreifen wir bei dem anderen mit dem Verstand. Selbst die Leidenschaften, die Voltaire ebenso zu Tränen rührten wie sein zeitgenössisches Publikum, finden wir bestenfalls interessant, sie ergreifen uns nicht. Auf ziemlich burschikose Weise ließ Rousseau seinen Romanhelden Saint-Preux in der

Nouvelle Héloïse (II,17) sagen, Frankreichs klassische Theaterdichter seien «nur Schwätzer», auf der klassischen Bühne gebe es «beaucoup de discours» aber «peu d'action». Zwar hatte Rousseau, der ebenso wie Diderot von der klassischen Dichtkunst abrückte, dabei eher Corneille und Racine im Auge, und er gestand Voltaire zu, etwas mehr Handlung auf die Bühne zu bringen, aber im Grunde hatte er recht. Das klassische Theater der Franzosen ist ein «Redetheater», kein «Aktionstheater». Daß Racine, mit seinem hintergründigen Konzept der Sprache, die Gedanken ebenso verbergen wie mitteilen kann, und häufig das eine tut und über das andere hinwegtäuscht, steht auf einem anderen Blatt. Diese überaus moderne Sprachauffassung, in der das Sprechen selbst tragische Dimensionen annehmen kann, hat Voltaire von Racine nicht übernommen. Bei ihm herrscht durchweg die «clarté française», die er auch als solche gepriesen hat. Das Helldunkel Shakespeares, die unheimliche Mischung von Tragik und Komik (man denke an Falstaff in Henry IV oder an den Narren in *King Lear*), erkannte er nicht und konnte es auch aufgrund der klassischen Ästhetik, der er verhaftet war, nicht erkennen.

So ist es im Grunde eher verwunderlich, daß Voltaire überhaupt Shakespeares Genialität erkannt hat, auch wenn dieser «keinen Funken von Geschmack» und «keine Kenntnis der Regeln» besaß. Tatsächlich lassen die ersten Äußerungen Voltaires über Shakespeare, vor allem die in den *Lettres philosophiques*, eine Bewunderung erkennen, die keineswegs selbstverständlich war und auch nicht von allen Zeitgenossen in England selbst geteilt wurde. Erst später erkannte Voltaire, daß er selbst dem Vordringen des großen «Barbaren» in das zivilisierte Frankreich Vorschub geleistet hatte, und er versuchte um so krampfhafter, dagegen anzugehen. Daß er das in seiner zweiten Lebenshälfte mit zunehmender Heftigkeit tat, erklärt sich schließlich daraus, daß er sich als den Hauptrepräsentanten, sozusagen die Galionsfigur des französischen Klassizismus verstand und glaubte, damit einen Höchststand an Geschmackskultur erreicht zu haben, von dem man abfiel, wenn man sich an Shakespeare hielt. Uns will das, als Shakespeare-Liebhabern, rückschrittlich vorkommen, für Voltaire war dessen Nachahmung kein Fortschritt, sondern das Gegenteil.

Als Voltaire nach England kam, kannte er nicht mehr als Shakespeares Namen. Er hatte auf dem Umweg über eine italienische Adaptation von Shakespeares *Julius Cesar* gehört – wie man dem Artikel «Shakespeare» von A. M. Rousseau im *Dictionnaire de Voltaire* entnehmen kann –, aber als er dann eine Aufführung des *Hamlet*, den Text in der Hand, erlebte, warf diese ihn förmlich um. Er sah und erkannte die Plausibilität der Handlung, verstand das Zögern des Helden und begriff, wie überzeugend das Rachethema, das ihm wohlvertraut war, behandelt wurde. Nur die Totengräberszene erschien ihm inakzeptabel. Vielleicht sah er auch den *Othello*, sicher aber wurde er von *Julius Cesar* ergriffen, denn er machte sich gleich daran, einen *Brutus* in englischer Sprache zu schreiben, den er später in einen französischen Einakter verwandelte. Und dann schrieb er *La Mort de César*, das eine Replik auf Shakespeares Drama sein sollte und 1733 im Hôtel de Sassenage privat aufgeführt wurde.

Die letzte Szene des dritten Aktes enthält die Rede des Antonius, die bei Shakespeare mit «Friends, Romans, countrymen» beginnt und um so wirksamer ist, als der Redner behauptet, über keine rhetorischen Gaben zu verfügen. Natürlich besitzt Voltaires Antonius diese dann doch. Aber auch er peitscht die Männer auf, die Caesars blutende Leiche umstehen: ein Skandal, der nur in Privathäusern, nicht auf der Bühne der *Comédie française* geduldet werden konnte. In seinem «Discours de réception» betonte Voltaire, als er in die *Académie française* aufgenommen wurde, wie ungebildet Shakespeare auch gewesen sei, er habe dem Englischen eine Gewalt und eine Energie eingegeben, die nachzumachen bisher niemand imstande sei. Das Kompliment erfreute die Engländer, schreibt Rousseau, die um so verblüffter waren, als sie später die Attacken auf *Hamlet* und die Geistererscheinung darin zur Kenntnis nahmen, die Voltaire in der Vorrede zu seiner *Sémiramis* 1748 ritt, wo er selbst einen Geist hatte auftreten lassen. Da nennt Voltaire *Hamlet* «ein grobes und barbarisches Stück, das nicht einmal der niederste Pöbel in Frankreich oder Italien ertragen hätte». Das Drama sei «die Frucht der Phantasie eines trunkenen Wilden». Das war denn doch zuviel für die Besucher von der Insel: sie verteidigten ihr Bühnengenie. Horace Walpole begann damit, Voltaire wegen Shakespeare den «Krieg zu erklären» (und er war ein Freund von Voltaires Freundin Mme Du Deffand). Andere, darunter nicht zuletzt Lady Montagu, schlugen in dieselbe Kerbe. Schließlich wurde, wie später öfters, in Stratford eine Shakespearefeier veranstaltet, in der sich der berühmte Garrick gegen Voltaire wandte und Shakespeares Theater als britisches Nationalheiligtum verteidigte. Voltaire hatte unterdessen seiner *Hamlet*-Kritik in einer parodistischen Wiedergabe die Krone aufgesetzt. Sie war an alle Gebildeten Europas gerichtet, die *für* Racine und *gegen* Shakespeare Partei ergreifen sollten: «Appel à toutes les nations de l'Europe, manifeste au sujet des honneurs du pavillon entre les théâtres de Londres et de Paris», 1761. Indem er scheinbar getreulich den Inhalt des *Hamlet* wiedergab, ihn in Wahrheit aber verhöhnte, glaubte Voltaire seiner Sache, dem Klassizismus und der französischen Kulturhegemonie in Europa zu dienen.

Erblickt man in Voltaires Abwehrkampf gegen Shakespeare, vielmehr: gegen das Vordringen Shakespeares nach Frankreich nur ein Zeugnis seiner persönlichen Eitelkeit, greift man zu kurz. Natürlich bangte er auch um seinen eigenen Ruhm als erster Bühnendichter seiner Nation, aber er fühlte sich zugleich eben verantwortlich für die klassische Kunst und den entsprechenden Geschmack, den er für eine endgültige Errungenschaft hielt und für die Zukunft erhalten wissen wollte. Etwas mehr Würze, etwas mehr Buntheit im Bühnengeschehen, das sollte Shakespeare dieser Bühnenkunst einimpfen dürfen, aber mehr auch nicht. Voltaire bangte um den Erhalt des von und in Frankreich seit Franz I. und Richelieu, vor allem aber durch Ludwig XIV., den größten aller Kunstmäzene, errungenen kulturellen Standards. Deshalb nennt er Shakespeare immer einen «Barbaren». Voltaire hat Shakespeare jedoch auch verschiedentlich mit Corneille verglichen und gemeint, zu seiner Zeit habe die Entwicklung von Kunst und Kultur eben erst begonnen. Es fehlte ihm nicht gänzlich an historischem Verständnis. (Ähnlich dachte Voltaire übrigens über Lope de Vega und Calderón, diese beiden typisch barocken Autoren.)

Hatte Voltaire gehofft, mit seiner Kampagne und mit Hilfe seiner vielen, einflußreichen Freunde, die er vor seinen Karren spannte, das Vordringen Shakespeares aufhalten zu können, so hatte er sich freilich getäuscht. Das Sammelwerk *Le Théâtre anglais*, das Etienne de La Place 1745 in sechs Bänden mit einem hundertzwanzigseitigen Vorwort zugunsten des englischen Theaters herausgab, versetzte Voltaire den ersten Stoß. Darin waren zehn Stücke von Shakespeare teils übersetzt, teils resümierend wiedergegeben: es ging einstweilen nur um Lese-, nicht um Bühnentexte. Aber Voltaire war schockiert und intensivierte seine Bemühungen, den Vormarsch Shakespeares zu bremsen. Vergebne Liebesmühe! Als der Übersetzer Le Tourneur 1776 eine nahezu vollständige und getreuliche Shakespeare-Übersetzung herauszubringen begann und in einer Subskriptionsaktion nach Voltaires Muster die königliche Familie gewann, lief das Faß über. Voltaire pickte sich vornehmlich aus *Othello*, wo es daran nicht fehlt, die unanständigsten Stellen heraus und verlangte von seinem Freund D'Alembert, diese in einer Sitzung der *Académie française* öffentlich vorzulesen (was dieser nur zögernd und teilweise tat). Voltaire schäumte und tobte trotz seiner nunmehr zweiundachtzig Jahre. Noch einmal kann man nur sagen: vergeblich! Er hat den Kampf gegen Shakespeare, der ihm ein fast so ernsthaftes Anliegen war wie der Kampf um die Rehabilitierung des Calas, verloren.

Ehe wir uns von dieser Thematik verabschieden, mag es jedoch angebracht sein, an einem Beispiel zu zeigen, wie sich Stil und Kunstauffassung hier, bei Shakespeare, und dort, bei Voltaire unterscheiden. Wir wählen zu dem Zweck Hamlets Suizidmonolog «To be or not to be», einen der berühmtesten Texte der Weltliteratur. Voltaire druckte das Original in der englischen Fassung seiner *Lettres philosophiques* (Brief 18) ab und ließ darauf seine Übersetzung folgen, wie er es in den späteren Briefen mit mehreren anderen englischen Texten getan hat. Er stellt Shakespeare seinen Landsleuten vor (die Engländer kannten ihn ja schon), nennt ihn «un génie plein de force et de fécondité, de naturel et de sublime, sans la moindre étincelle de bon goût, et sans la moindre connaissance des règles» (124 der Ausgabe der *Lettres* von F. Deloffre in der Taschenbuchreihe «Folio», 1986). Wir kennen den Passus, der ja doch mit einem großen Lob beginnt, um erst danach dann im bekannten Tadel zu gipfeln. Shakespeares Verdienste hätten das englische Theater verdorben, schreibt Voltaire weiter: das spiegelt die Meinung der klassizistisch eingestellten Engländer der Zeit wider. Voltaire schloß sich damit Dryden, Cibber oder Pope an und schockierte seine englischen Leser nicht sonderlich. Und dann führt er den Monolog Hamlets aus der ersten Szene des dritten Aktes in extenso an. Wer die deutsche Übersetzung von August Wilhelm Schlegel hat, möge sie danebenstellen. Sie ist ein Wunderwerk an Getreulichkeit – und dennoch nicht unpoetisch. Gesagt werden müßte dazu, daß aus diesem Text nicht nur Hamlets persönlicher Kummer spricht, denn wie hätte der Prinz zum Beispiel am «Unrecht der Unterdrücker», am «Aufschub des Rechts» oder der «Unverschämtheit der Beamten» («the insolence of office») leiden können? Es spricht vielmehr, nach einer Deutung des Anglisten Deutschbein, «das Leiden aller Welt» daraus (zitiert nach: *Shakespeares Dramen*, übersetzt von R. Schaller, Berlin 1982, I, 446). Aber was für Alltagsausdrücke, was für Konkretheiten kommen darin vor! Wie sollte ein französischer Klassizist den Dolch oder die Nadel wiedergeben, mit der man seinem Leben ein Ende bereiten könnte («his Quietus make»), wie sollte er die «Pfeil und Schleudern des wütenden Geschicks» wiedergeben, wie die «angeborne Farbe der Entschließung» («the native hue of Resolution»), die «von des Gedankens Blässe angekränkelt wird» (um Schlegel zu zitieren). Voltaire konnte nicht anders, er mußte den Text transponieren, und das hat er denn auch getan. Aber er hebt nicht nur das Stilniveau, vermeidet all die verpönten «mots bas» des «Barbaren», das heißt, er übersetzt nicht nur als Klassizist, sondern er schmuggelt in seiner Manier auch ein paar aufklärerische Pointen hinein. Verwiesen sei auf die «Scheinheiligkeit der lügnerischen Priester», die Voltaire hineingeheimnist, und den Schluß, in dem er Hamlets Verzicht auf den Suizid kennzeichnet als die Frucht eines christlichen Bangens vor dem Jenseits, das aus «einem kriegerischen Helden einen schüchternen Christen macht». Solche aufklärerischen Anreicherungen muß man sich auf der Zunge zergehen lassen! Wir kennen freilich das Rezept, das im letzten Kapitel erläutert worden ist.

Es folgt die «Schöne Ungetreue» der *Lettres philosophiques*, die mit einem Schlag die fundamentalen Unterschiede zwischen Shakespeare und Voltaire, dem elisabethanischen Original und der französischen Deformierung zu erkennen gibt:

> Demeure, il faut choisir, et passer à l'instant
> De la vie à la mort, de l'être au néant.
> Dieux cruels, s'il en est, éclairez mon courage.
> Faut-il vieillir courbé sous la main qui m'outrage,
> Supporter ou finir mon malheur et mon sort?
> Qui suis-je? qui m'arrête? et qu'est-ce que la mort?
> C'est la fin de nos maux, c'est mon unique asile;
> Après de longs transports, c'est un sommeil tranquille;
> On s'endort, et tout meurt. Mais un affreux réveil
> Doit succeder peut-être aux douceurs du sommeil.
> On nous menace, on dit que cette courte vie
> De tourments éternels est aussitôt suivie.
> O mort! moment fatal! affreuse éternité!
> Tout cœur à ton seul nom se glace epouvanté.
> Eh! qui pourrait sans toi supporter cette vie,
> De nos Prêtres menteurs bénir l'hypocrisie,
> D'une indigne maîtresse encenser les erreurs,
> Ramper sous un ministre, adorer ses hauteurs,
> Et montrer les langueurs de son âme abattue
> A des amis ingrats, qui détournent la vue?
> La mort serait trop douce en ces extrémités;
> Mais le scrupule parle, et nous crie: «Arrêtez!»
> Il défend à nos mains cet heureux homicide,
> Et d'un héros guerrier fait un chrétien timide.

So also sehen die untadeligen, paarweise mal männlichen, mal weiblichen Alexandriner Voltaires aus, mit denen er nicht nur seine Landsleute, sondern rückwirkend auch die englischen Leser von der Überlegenheit der französischen Dichtkunst überzeugen wollte. Reime wie «outrage/courage» oder «asile/tranquille» gehören zum klassischen Repertoire, auch «mort» und «sort» natürlich – und die Weglassung von «natural shocks», «heart-ache», «quietus», «spurns» oder «whips and scorns» spricht Bände: So etwas durfte eben in einer Tragödie, also einer Dichtung hohen Stils nicht vorkommen. Gesagt werden müßte nur noch, daß diese Übersetzung Fortüne gehabt hat: man findet sie im 18. Jahrhundert oft zitiert, nicht aber die wortwörtliche Übersetzung, die Voltaire erstaunlicherweise 1761 nachgeliefert hat und die zeigt, daß er den englischen Text sehr wohl verstanden hat.

Siebentes Kapitel

Voltaire als «Komparatist» (Der *Versuch über die epische Dichtung*)

Selbst wenn man viel Voltaire gelesen hat, kann man vor Überraschungen nicht sicher sein. Eine solche bietet dem Leser der *Essai sur la poésie épique*, das heißt die französische Fassung des *Essay upon epick poetry*, den Voltaire im Sommer 1725 auf englisch geschrieben hatte, um die Leser der Londoner Ausgabe seiner *Henriade* (die damals noch *La Ligue* hieß) über das Konzept seiner Dichtung und deren historische Hintergründe zu informieren. Für diese schrieb Voltaire gleichzeitig einen *Essay upon the civil war of France*, der mit dem *Versuch über die epische Dichtung* zusammen 1727 in London erschien. Den Essay über das Epos übersetzte stante pede der Abbé Desfontaines, mit dem Voltaire damals noch befreundet war (später wird er einer seiner Lieblingsfeinde sein), Voltaire selbst aber schrieb den Text, teilweise auf Desfontaines zurückgreifend, in seiner Muttersprache neu. In dieser Form erschien er erstmals 1733. Obwohl die englische Urfassung in manchen Punkten unkonventioneller und kühner ist als die französische, weil der Verfasser darin den Lesern seines Gastlandes in ihrer unklassischen, freiheitlichen

Denkart entgegenkommen (oder sich bei ihnen einschmeicheln) wollte, beziehen wir uns hier auf die französische Version, die nicht nur gemäßigter, sondern auch ausgereifter klingt. Sie enthält noch immer einige erstaunlich «fortschrittliche», Goethe und die Vorromantik vorwegnehmende Gedanken.

Gedacht war der *Essai sur la poésie épique* als eine Rechtfertigung der Innovationen, die Voltaire glaubte seinem Epos einverleibt zu haben, das heißt der Abweichungen von den antiken Mustern, vor allem von Homer und Vergil, die er durch den Rückblick auf Lukan, Trissino, Ercilla, Camões, Tasso und Milton legitimieren zu können dachte. Er hat es also auf die Varietät, nicht auf das Gleichbleibende der Epentradition abgesehen. Die Nähe zu Vergil zu rechtfertigen, schien dem Autor angesichts des nach wie vor ungeschmälerten Ansehens dieses Dichters unnötig. «So überwältigend ist diese völlige Nachahmung der virgilischen Form», schreibt Victor Klemperer (*Literaturgeschichte* I, 48), «daß man Voltaires Stolz auf seine ästhetischen Neuerungen in der *Henriade* und den heftigen Kampf darum ... nur noch durch historisches Rückbesinnen verstehen kann.»

Kommt uns die Selbstrechtfertigung des modernen Ependichters angesichts seiner eher marginalen Neuerungen ziemlich unnötig vor, so ist doch bei dem Vergleich der verschiedenen Epen, auf den wir noch näher eingehen müssen, etwas unerhört Neues herausgekommen: Voltaire kann angesichts dieses «Versuchs» als einer der Begründer der modernen Literaturkritik angesehen werden – wir hätten hier auch von «Voltaire als Literaturkritiker» sprechen können. Daniel Acke, der Verfasser des hier einschlägigen Artikels im *Dictionnaire de Voltaire*, nennt Voltaires Essay sogar «la première étude de littérature comparée».

Überraschender noch als die Urteile über die acht epischen Dichter klingt das erste Kapitel des Essays. Es ist «Des différents goûts des peuples» überschrieben und setzt mit der Feststellung ein, es gebe viele unnütze Regeln für die Dichtung. Es sei eben leichter, andere darüber zu belehren, wie man dichten solle, als selber zu dichten. Die Dichtungstheoretiker (das dürfte sich vor allem auf die Kommentatoren von Aristoteles' *Poetik* beziehen, die das Regelgebäude der Klassik errichteten), diese Vielschreiber und Doktrinäre seien «Tyrannen, die einer freien Nation Gesetze auferlegten, ohne deren Charakter zu kennen». So steht es noch in dem französischen Text, obwohl der Satz eher auf die englischen Leser gemünzt gewesen zu sein scheint. Aber Voltaire hat ihn stehen lassen. Und er leitet davon über zum nächsten Punkt, wo es heißt, selbst wenn die Regeln dieser «Gesetzgeber» gut und richtig wären, wie wenig nützten sie doch! Homer, Vergil, Tasso und Milton hätten nur den Gesetzen ihres Genies gehorcht – das Wort «génie» steht da – und all die angeblichen Regeln, diese Fesseln, dienten nur dazu, die großen Geister in ihrem Gang zu behindern; für die Unbegabten taugten sie ohnehin nichts. «Il faut courir dans la carrière, et non pas s'y trainer avec des béquilles – man muß auf seiner Bahn laufen und sich nicht auf Krücken durch sie hinschleppen». Wenn das nicht ein Bekenntnis zur Genieästhetik ist, wie sollte dies anders lauten? Hat Voltaire da nicht tatsächlich der Vorromantik, oder wenn man so will, dem «Sturm und Drang» vorgearbeitet? Man kann sich nicht genug wundern über die gedankliche Kühnheit, der seine Dichtung selbst so wenig entsprach.

Und weiter argumentiert Voltaire (der damals immerhin schon vierzig war), Kunstwerke in Definitionen zu zwängen, sei ungut, denn da riskiere man «uns unbekannte Schönheiten auszuschließen», Schönheiten, mit denen wir infolge unserer Gewohnheiten nicht vertraut seien. Definitionen seien gut, die Eigenheiten von Metallen oder Mineralien zu bestimmen, die Hervorbringungen der Menschen hingegen, die Schöpfungen der Phantasie unterlägen anderen Gesetzen als die immer gleichbleibenden Produkte der Natur. Auch das ist ein unerhörter Satz, dessen Bedeutung erst recht erhellt, wenn man weiß, daß die Gesetze der klassischen Dichtungslehre der Franzosen in Analogie zu den Naturgesetzen festgelegt worden waren. Chapelain, der Hauptverantwortliche für diese Gesetze, hat das ausdrücklich erklärt und damit begründet, Dichtung müsse nach Gesetzen gemacht werden, die Dauer haben – wie die Hervorbringungen der Natur. Voltaire bekennt sich hier also zu einer anderen als der klassischen Kunstauffassung. Mag es auch nur Theorie gewesen sein, was er verfocht, und mag seine Praxis dahinter zurückgeblieben sein – als solche sind diese Beteuerungen dennoch bemerkenswert. Aber damit nicht genug: Voltaire fährt fort zu betonen, wie sehr der Geschmack sich mit den Zeiten ändere und wie sehr dieser von Nation zu Nation variiere. Die Nationen, schreibt er, seien «nach drei oder vier Jahrhunderten» nicht wiederzuerkennen, in der Geschichte der Kunst gebe es ebensoviele Umwälzungen, wie in der Geschichte der Staaten: sie seien in einem ständigen Wandel begriffen, wie könne man sie da «fixieren» wollen: «ils changent en mille manières tandis qu'on cherche à les fixer». Den Satz muß Voltaire vergessen haben, als er seinen Corneille-Kommentar schrieb, «pour fixer le goût», und als er Shakespeare als einen Eindringling in die klassische Festung der Franzosen bekämpfte.

Tatsächlich ist Voltaire bis in sein vierzigstes Lebensjahr ein ästhetischer Neuerer gewesen, oder glaubte es doch zu sein, während er in der zweiten Hälfte seines Lebens immer konservativer wurde, nur noch neue Aufklärerideen entwickelte, während er «in aestheticis» beim Alten blieb.

Die Relativität des Geschmacks, zu der Voltaire sich in seinem Essay – vermutlich im Gedanken an den Ausgang der «Querelle des Anciens et des Modernes» – bekannte, schloß allerdings nicht das Vorhandensein eines allgemeingültigen «guten Geschmacks» aus, der für alle Nationen und alle Zeiten verbindlich sein sollte. Es ist der, der in der «Renaissance des Lettres» im Rückgriff auf die Antike entwickelt wurde, modern gesprochen, des Humanismus. Dieser erschien Voltaire international anerkannt zu sein. Aber auf diesem Fundament konnte sich der Geschmack der Völker differenzieren. Daher gelte es, den Gegebenheiten der eigenen Sprache, der eigenen Religion, der eigenen Sitten und Gebräuche zu folgen, wenn man dichte. Auch die moderne Kriegstechnik sei ja nicht mehr diejenige, die die Griechen bei der Belagerung Trojas angewandt hatten. Hier wird auf die Geschichte der Technik hingewiesen, die der Kunst zum Vorbild gereichen solle. Wie könne man, nach Erfindung des Kompasses, nach den Erkenntnissen der neueren Philosophie und all den anderen Veränderungen, die die Zeit mit sich gebracht hat, noch dichten wie einst? Das klingt nach einer Bejahung des Standpunktes der Neuerer in der eben angesprochenen *Querelle*, einem Standpunkt, dem Voltaire sich eigentlich (als Humanist) nicht anschließen wollte. Er schwankt hin und her – und wirkt gerade dadurch modern.

Schließlich gipfelt die Argumentation Voltaires im ersten Kapitel seines *Versuchs über die epische Dichtung* in einem Bekenntnis zur Weltliteratur. Anstatt einander zu verachten und hochmütig von den Leistungen der eigenen Nation auf die der anderen herabzuschauen, lesen wir da, sollte man die Werke der anderen Völker kennenlernen und deren Eigenart schätzen, «non pas pour en rire, mais pour en profiter – nicht um darüber zu lachen, sondern um Nutzen daraus zu ziehen»; vielleicht entstünde aus dem Austausch solcher gegenseitigen Beobachtungen – «de ce commerce mutuel d'observation» – jener allgemeingültige Geschmack, den man vergeblich gesucht habe. Da ist es also heraus, das Konzept der «Weltliteratur», das Goethe in Analogie zum Welthandel entwickeln und für ein Gebot der Stunde halten wird. Es stammt de facto von Voltaire. (Das hat schon der Schweizer Romanist Ernst Merian-Genast erkannt und in einer Publikation in den «Romanischen Forschungen» Band 40, 1927, 1–226 herausgestellt, der unser Referat folgte.)

Daß dann bei den vergleichenden Analysen der acht Epen, die schon angesprochen wurden, Vergil die Palme gereicht wird und Homer dahinter zurückstehen muß, wundert nicht. So ist es in Frankreich immer schon gewesen. Erst die deutsche Romantik kehrte das Verhältnis um und erkannte in Homer das Originalgenie, in Vergil den Epigonen. Immerhin, für die «Robustheit» Homers hat Voltaire ebenso viel Sinn wie für die Kraßheiten seines Realismus. Die «Fehler» Homers seien immer noch geringer, meint er, als seine Qualitäten. Voltaire versteht, daß Homer in England immer nur «der göttliche», «le divin», genannt werde. Kein französischer Dichter sei «so tief herabgesunken» wie Homer, aber keiner habe sich auch so «hoch hinaufgeschwungen». Und da fällt dann wieder der Name Shakespeare, dessen «Fehler» die Engländer so gut wahrnähmen wie die Franzosen, aber für dessen Genie sie ein besseres Organ hätten. Wie Homer sei auch Shakespeare ein «Erfindergenie» gewesen und habe anderen, die ihn zu übertreffen versuchten, das aber nicht schafften, den Weg gewiesen.

Vergils *Aeneis* ist für Voltaire «le plus beau monument de l'antiquité – das schönste Denkmal der Antike». Die *Aeneis*, sagt er, sei «Homers bestes Werk». Gut daran habe Vergil getan, seinen Helden ganz in den Mittelpunkt zu stellen, und nicht, wie Homer, ihn zeitweilig aus dem Auge zu verlieren. Wenn man gesagt habe, Aeneas sei zu fromm und zu weinerlich für einen epischen Helden, so zieht Voltaire ihn als weisen Anführer und Berater der Seinen dem tollwütigen Achill doch vor. Es folgen ein paar kleinere Einschränkungen, doch dann schließt Voltaire seinen Abschnitt über Vergil mit dem Wort, das ein jüngerer Maler angesichts von Raffael gesagt haben soll: «Son pittor anch'io»! Wie Voltaire als «Philosoph» Newtonianer war, so ist er als Ependichter ein Anhänger Vergils.

Es folgen die Bemerkungen über Lukans *Pharsalia*, deren Modernität für Voltaire darin besteht, daß er den Einfluß der Götter und die Rolle der Mythologie in seinem Epos zurückgeschraubt habe. Darauf beruft sich Voltaire, wenn er dasselbe in der *Henriade* tut.

Weiter folgen Bemerkungen zu Trissino, dem Verfasser der *Italia liberata dai Goti* von 1547, einem in viel höherem Maße historischen Epos, als es die antiken waren. Auch der Hinweis darauf dient Voltaire zur Rechtfertigung seines eigenen historischen Epos, dessen Held ja Henri Quatre ist. Trissino habe ein modernes Epos geschaffen, das «vernünftig, wenn auch schwach» ausgefallen sei. Daß er seine Verse nicht gereimt hat, gefällt Voltaire, obwohl er selbst sich natürlich an die gereimten Alexandriner hält, die für die hohe Dichtung in Frankreich verbindlich waren. Schließlich begrüßt unser Klassizist das Fehlen barocker «Pointen» und Wortspiele bei dem italienischen Renaissancedichter, und er findet es verdienstvoll, daß er die Rolle der Magier und Verzauberungen auf ein Minimum reduziert habe.

Die *Lusiaden* des Camões hat Voltaire in einer englischen Übersetzung gelesen. Er spricht auch über das portugiesische Epos so ausführlich, daß er es sicher nicht nur vom Hörensagen kannte. Der Bezug auf die Entdeckungsfahrten der Portugiesen und deren Handelsinteresse findet natürlich Voltaires Zustimmung, aber die «propaganda fides» stößt ihn (wie man sich denken kann) ab. Wäre der Stil des Portugiesen nicht so gut, seine Einbildungs- und Ausdruckskraft so bewundernswert, hätte man die *Lusiaden* längst vergessen. Doch diese Qualitäten lassen das Epos noch immer lesenswert erscheinen.

Tasso hat Voltaire weit besser gekannt als Camões oder Trissino. Er beginnt seinen sechsseitigen Bericht mit der Verdeutlichung, *Gerusalemme liberata* gehöre als ernstgemeintes Epos in sein Referat, nicht aber der *Orlando furioso* Ariosts, den er gewiß mit dem größten Vergnügen gelesen habe, der aber doch ein parodistisches Epos sei. Es gehöre so wenig in die Geschichte des Epos wie Molières Komödien in eine Geschichte der Tragödie.

Dann erzählt Voltaire von Tassos Lebensumständen, in dem die angebliche Liebe des Dichters zur Schwester des Herzogs von Ferrara nicht unterschlagen wird. Das sei der Quell für die «Melancholie» des Poeten, der für verrückt gehalten wurde, obwohl er doch soviel «Vernünftiges» in seine Dichtung eingebracht habe. Was auch immer gegen Tassos Dichtung gesagt worden sei, sie habe alle Schmähungen überlebt und werde noch heute in Italien «vorgesungen», wie das einst mit Homers Epen in Griechenland der Fall war. Tassos Helden hält Voltaire für besser gelungen als diejenigen des Homer, vor allem für variabler, nuancierter und konsequenter gestaltet. Überhaupt sei Tasso ein Meister der poetischen Nuancen. Das große Lob für den christlichen Epiker erstaunt um so mehr, als dieser ja wegen seiner barocken «Pointen» von Boileau verurteilt worden und Voltaire alles andere als ein Apologet des Christentums war. Aber er hatte einen wachen Sinn für die Schönheit des Italienischen, das er fließend sprach, und er wußte die Poesie dieses Dichters zu schätzen, auch wenn ihm seine Ideologie mißfiel. Die Sprachspiele und «Concetti» Tassos seien als ein Zugeständnis an den Geschmack der Zeit zu verstehen. Wieder urteilt Voltaire also historisch-relativierend. Die Verzauberungen und frommen Magier, die in *Gerusalemme* vorkommen, gingen, sagt er, ebenfalls auf das Konto des Zeitgeschmacks. Ein Leser Lockes oder Addisons finde daran natürlich keinen Geschmack.

Aber der Geschmack ändere sich eben mit den Zeiten und den Nationen ... Hervorzuheben wäre noch, daß Voltaire über den historischen Gegenstand des Epos, die Kreuzzüge, ganz anders dachte als Tasso: für ihn waren sie nichts als ein unnützes, christliches Blutvergießen. Trotzdem liebt er Tasso.

Die *Araucana* des Spaniers Ercilla (1569 ff.) zu kennen, war keine Selbstverständlichkeit. Auch da fand Voltaire den Gegenstand, die *Conquista* verwerflich, aber auch da geht ihm die Kunstform über den Inhalt. Wie der Indio Colocolo die Kaziken mit einer einschmeichelnden Rede für sich einnehme, sagt Voltaire, das sei Ercilla weit besser gelungen, als Homer die Rede Nestors. Ein Vergleich der einen mit der anderen (was für eine komparatistische Idee!) zeige, wieviel Fortschritte die Epenkunst inzwischen gemacht habe. Nestor plappere hochfahrend und unhöflich daher, Colocolo erweise sich als ein maßvoller und bescheidener Redner. Aber das sei denn doch eher die Ausnahme. Als Regel gelte trotzdem, Homer sei dem spanischen Dichter überlegen. Denn aus Ercilla spreche – wieder ein historisches Urteil! – die «Wildheit der Völker», denen in seinem Epos das Wort gegeben wird. Außerdem sei die *Araucana* mit ihren 36 Gesängen viel zu lang. (Voltaire war zwar ein unerschrockener, aber doch auch ein ungeduldiger Leser.)

Bliebe noch der Abschnitt über Miltons *Paradise lost*, der einer der längsten des *Essay on epick poetry* war und von Voltaire kaum gekürzt französisch wiedergegeben wird. Der Leser kennt vielleicht das vernichtende Urteil, das Pococurante, der blasierte Venezianer im *Candide* über Milton ausspricht. Hier mäßigt Voltaire sich seinen englischen Lesern zuliebe. In der französischen Version, sagt Daniel Acke, überwiegen dann aber doch die Negativurteile. Die Franzosen würden über ein Epos nur lachen, in dem der Teufel die Hauptrolle spielt, wo eine Frau auftritt, die von einer Schlange einen Apfel angeboten bekommt und was dergleichen Albernheiten mehr sind; das paßte in ein «Vaudeville», also einen Schwank, nicht in ein Epos! Ihm, Voltaire, hätten seine Landsleute immerhin zu verdanken, daß sie Milton ein wenig besser kennten. Wieviel Phantasie, welche Gestaltungskraft, welche majestätische Schilderung Gottes, welch schöne Beschreibung des Paradiesgartens! Und die Liebe, die sonst immer als eine Schwäche gilt, sei bei Milton eine Tugend, «une vertu»! Wie Dryden, auf den Voltaire sich hier beruft, stellt Voltaire Milton auf eine Stufe mit dem unsäglichen Verfasser des Epos über die Jungfrau von Orléans, Chapelain, gegen den er anschrieb. Wie Dryden findet er aber auch, die «Schönheiten» des *Paradise lost* ließen es angebracht erscheinen zu sagen, die Natur habe Milton eine «Seele» mitgegeben wie diejenige Homers und Vergils. – In einer für seine französischen Leser bestimmten Bemerkung gibt Voltaire dann zu, daß sein Loblied auf Milton von seinen Landsleuten nicht gutgeheißen worden sei. Die Franzosen hielten Miltons Dichtung eher für ein «phantastisches» als für ein «natürliches» Gedicht. Der Engländer habe eben zu hoch hinaus gewollt ... So die post factum eingefügte Zurücknahme seines für die englischen Leser bestimmten Lobes, das die Miltonkritik im *Candide* vorbereitet.

Anschließend nimmt Voltaire dann noch zu der Behauptung Stellung, die Franzosen hätten keine «tête épique», ihr «esprit de géométrie» stünde dem entgegen. (Darf man sagen, daß dieses Vorurteil bis heute nicht ganz ausgeräumt ist?) Die Präsentation der ausländischen Epen müßte aber doch eigentlich auch die Franzosen nach einem nationalen Epos verlangen lassen. Man sieht: Voltaire «kommt zur Sache». Es liege eher daran, daß Chapelain und Konsorten, die vorklassischen, christlichen Ependichter, den Franzosen den Geschmack am Epos verdorben hätten. Auch Fénelon habe mit seinem *Telemach* der guten Sache nicht gedient. Denn was er geschrieben habe, sei ja kein Epos, sondern «un roman moral». In eine Heldendichtung gehörten all die wohlgemeinten, frommen Belehrungen des schriftstellernden Bischofs nicht hinein. Solche habe er, Voltaire, denn auch in seine *Henriade* nicht eingebracht. Und er stelle darin einen vernünftigen Helden vor, keinen Phantasten. Auch daß in seinem Gedicht weder heidnische noch christliche Götter – und schon gar nicht der Teufel – vorkämen, müsse die französischen Leser für es einnehmen.

Aber das letzte Wort darüber komme natürlich den Kritikern seines Werks, nicht ihm, dessen Schöpfer, zu. Wir sind gespannt auf die *Henriade*, zu der der *Essai sur la poésie épique* einen Vorspann, eine Hinführung darstellt, die, selbst wenn uns Voltaires epische Dichtung nicht mehr zusagen sollte, ein hohes Eigeninteresse verdient (weswegen sie hier auch so relativ ausführlich besprochen wurde).

Achtes Kapitel

Epos und Epenparodie (*Henriade* und *Pucelle*)

Frankreichs erste große Dichtung waren die *Chansons de Geste*, deren bekannteste, das «Rolandslied», im späten elften Jahrhundert entstand. Es war eine epische Dichtung in «assonierenden Zehnsilbern» von unbekannter Hand niedergeschriebene Heldensagen, die um Karl den Großen, seinen Neffen Roland und den Kampf der christlichen Ritter mit den heidnischen «Mauren» kreisten. Diese Epen gerieten allmählich in Vergessenheit; sie waren ja auch in Dialektformen des Altfranzösischen geschrieben, die nach der Herausbildung des Neufranzösischen unverständlich wurden. Konzeptuell gilt dies erst recht. Ronsard, der angesehenste französische Renaissancedichter, versuchte dann im sechzehnten Jahrhundert ein Epos nach antikem Muster zu schreiben, die *Franciade*, die über vier Gesänge nicht hinausgekommen, also Fragment geblieben ist. Zum Lobe von Franz I. erfand der ebenso humanistisch wie patriotisch eingestellte Dichter die Legende von Francus, einem Sohn des Trojaners Hektor, als einem Urahn der französischen Könige. Die *Franciade* geriet zwar weniger in Vergessenheit als die mittelalterlichen Epen, aber die Tatsache, daß sie unvollendet blieb, wirkte sich wie ein Stachel im Fleisch der Franzosen aus. Hatte es im sechzehnten Jahrhundert auch schon ein biblisches Epos gegeben, *La Semaine* von du Bartas, so zählte das kaum, denn der Verfasser war Protestant gewesen – und wonach man sich sehnte, das war gewiß kein religiöses, sondern ein nationales Epos. In der ersten Hälfte des siebzehnten Jahrhunderts, am Vorabend der Klassik, versuchten mehrere französische Dichter, ein solches zu schaffen, ohne deswegen die christliche Perspektive außer acht zu lassen. Chapelain, der Begründer der klassischen Dichtungslehre, verfaßte mit seiner *Pucelle, ou la France délivrée* 1656 ein ebenso frommes wie patriotisches Gedicht, der Pater Lemoyne, Desmarets de Saint-Sorlin, Le Laboureur und noch zwei oder drei andere barocke Dichter stellten entweder Saint Louis, Karl den Großen oder den Merowingerkönig Chlodwig in den Mittelpunkt umfänglicher und umständlicher Epen, doch das waren vergebliche Bemühungen um die Lesergunst, denn die französische Klassik war überwiegend unchristlich eingestellt, und sie war eine Theaterklassik (wie wir schon sahen). Boileau gab den vorklassischen Ependichtern in seiner *Art poétique* den Todesstoß. Über sie wurde nur noch gespottet. Aber der Traum war nicht ausgeträumt, und Voltaire wußte das. Angeregt von Gesprächen mit einem Marquis de Caumartin, auf dessen Schloß er in jungen Jahren verkehrte, und der ihm von Heinrich dem Vierten und den Religionskriegen erzählte, diesen turbulenten Zeiten, die mit dem Aufkommen der Toleranzidee und dem Edikt von Nantes ein glückliches Ende nahmen, muß der ehrgeizige Arouet sehr früh schon den Plan gefaßt haben, ein – oder *das* – Nationalepos zu schreiben, das den Franzosen fehlte. Wir haben gesehen, daß er die innerfranzösische, mißglückte Epenproduktion in seinem *Essay über die epische Dichtung* mit Schweigen überging und nur auf die antiken und «ausländischen» Epen hinwies, aber gewußt hat der angehende Dichter sicher davon. Er würde derjenige sein, der den französischen Epentraum in Erfüllung gehen ließ. Die Umstände begünstigten insofern sein Vorhaben, als der Regent, Philipp von Orléans, der die Herrschaft in Frankreich nach dem Tod Ludwigs XIV. 1715 angetreten hatte, ein direkter Nachfahre Heinrichs IV. war und wie dieser die Verfolgung der Hugenotten für schädlich hielt . Auch Philipp wollte ein Friedensbringer sein. 1716/17 begann Voltaire mit der Niederschrift seines Epos zum Ruhme von Henri Quatre, die er 1717/18 in der

Bastille fortsetzte: er soll dort am Rand eines Buches, das die Gefängnisleitung ihm zu lesen erlaubte, wahrscheinlich der Bibel, die ersten sechs Gesänge vollendet haben. 1721 waren neun Gesänge fertig, und Voltaire hoffte, in Holland eine erste Ausgabe veranstalten zu können, für die er bereits Subskribenten (und Illustratoren) geworben hatte. Doch daraus wurde nichts. Offenbar war der damalige Premierminister, Kardinal Fleury, dagegen. Auch Ludwig dem Fünfzehnten, der 1723 an die Regierung kam, schien das unchristliche Werk suspekt. Voltaire konnte daher 1723 nur eine «édition clandestine» herausbringen; sie war schlecht auf stark holzhaltigem Papier gedruckt, Voltaire desavouierte sie; dennoch fand die Dichtung schon zu diesem Zeitpunkt weite Verbreitung und wurde wiederholt nachgedruckt. Da bekam sie auch ihren endgültigen Titel: *La Henriade*. Erst in England gelang es jedoch Voltaire, wie wir wissen, eine schöne und zuverlässige Ausgabe seiner epischen Dichtung herauszubringen, die er der Königinwitwe widmete und die in England um so mehr Anklang fand, als darin das hohe Lob der englischen Nation gesungen wird. Auf diese veritable «Editio princeps» folgten im Laufe der Jahre viele weitere. Insgesamt erschienen zu Voltaires Lebzeiten sechzehn Neuauflagen. Die *Henriade* war ein Jahrhunderterfolg. Wer klassizistisch eingestellt war, begeisterte sich für die Form, wer aufklärerisch dachte (wie der Preußenkönig Friedrich), pries den fortschrittlichen Geist, vor allem die Propagierung der Toleranz.

Wir aber haben heute nicht mehr die Geduld, die *Henriade* zu lesen. Der letzte deutsche Romanist, der das noch konnte und der sich, trotz gewisser Einwände, für Voltaires Epos begeisterte, war Victor Klemperer: Man lese die Besprechung der *Henriade* in seiner Literaturgeschichte. Zwar bedauert auch Klemperer die allzu enge Anlehnung an Vergil, aber er meint, «das Ganze» sei doch von einer «wirklichen und neuen Persönlichkeit beherrscht und belebt», das heißt von Heinrich dem Vierten, den der Dresdner Romanist einen «heroischen Bruder der Ninon Lenclos'» nennt, also einen Libertin, der allerdings zugleich ein Patriot und Kriegsheld, vor allem aber ein Feind von Grausamkeit, Zwietracht und Blutvergießen war. Die eigentümliche Mischung von Klassizismus und Aufklärung, die wir von Voltaires Tragödien kennen, hat es Victor Klemperer angetan, die *Henriade*, sagt er, wirke «unfrei im Artistischen und frei im Dichterischen», womit denn doch Voltaires Gedicht poetische Qualitäten zugesprochen werden, die wir Mühe haben zu erkennen. Denn man muß die *Henriade* lesen wie ein Palimpsest, also wie eine Pergamenthandschrift, durch die die darin enthaltene ältere Schrift hindurchschimmert, wie bei gewissen Kodices des Mittelalters. «Sur des pensées modernes faisons des vers anciens – auf moderne Gedanken alte Verse zu schreiben», hat der Revolutionsdichter André Chenier, noch einmal ein Klassizist, gefordert, genau das ist das Rezept der *Henriade*, die eben deswegen bei den humanistisch gebildeten Lesern ebenso viel Anklang fand wie bei den aufgeklärten. Wir müßten die *Aeneis* noch ebensogut in Erinnerung haben, um an der vergilischen Verkleidung von Henri Quatre noch Gefallen zu finden. Grundsätzlich kennen wir solche «Palimpsestlektüren» ja noch, man denke an die Goethereminiszenzen, die Thomas Mann in seine *Lotte in Weimar* hineingeheimnist hat, und die den Reiz der Lektüre für den, der Ohren hat zu hören, verdoppelt. Aber das ist etwas anderes. Es reimt sich einfach nicht, wenn wir beispielsweise den Bericht über Trojas Fall aus demjenigen heraushören, den Heinrich über die Bartholomäusnacht und die französischen Religionskriege der Königin Elisabeth erstattet; er ist eben nicht Aeneas und die Königin nicht Dido.

Wie kam Henri Quatre nach England ? Heinrich III. belagerte Paris, erzählt Voltaire, und sandte Henri de Navarre, den künftigen Nachfolger, nach England, um den Beistand der Engländer zu erbitten. Bei der Gelegenheit berichtet er über die französischen Bürgerkriege. Zurück auf dem Kriegsschauplatz erlebt Henri Quatre die Greuel der Bartholomäusnacht, erkennt die Zwietracht im französischen Heer und überlebt das Attentat, dem Heinrich III. zum Opfer fällt. Die Soldaten proklamieren ihn zum König, und er wird schließlich, unter Verzicht auf seinen Protestantismus («Paris vaut bien une messe»), den Thron besteigen – nicht jedoch ohne zuvor im Traum seinem Ahnen Saint Louis begegnet zu sein, der ihm eine große Zukunft prophezeit (alles nach Vergils Vorbild). Hätte Henri sich nicht von seiner Liebe zu Gabrielle d'Estrée ablenken lassen (bei ihr «verliegt er sich»), hätte er seinen Sieg noch rascher errungen. (Etwas Galanterie durfte in dem Gedicht nicht fehlen.)

Mag man die Einbettung von Voltaires Epos in die französische Geschichte grundsätzlich ebenso begrüßen wie die Vermeidung göttlichen Eingreifens und kann man auch die Schilderung der Bluthochzeit noch eindrucksvoll finden, im Grunde stimmt weder die Charakterisierung des Helden (Henri Quatre war weniger tolerant als indifferent in religiöser Hinsicht), noch stimmt der «Ton der Musik», Inhalt und Absicht der Dichtung. Voltaires Verse sind untadelig, wie immer, aber das rettet die *Henriade* nicht: sie ist, um es milde auszudrücken, historisch geworden.

Ganz so negativ muß unser Urteil über Voltaires *Pucelle* nicht ausfallen. Nicht mehr, muß man allerdings sagen, denn dieses frivole, mit Lust unanständige, wenn auch vielleicht nicht pornographische Gedicht ist so gut wie einhellig von der Kritik verurteilt worden. Selbst Klemperer sagt, neben der *Henriade* mache das parodistische Epos «eine trübselige Figur», selbst er nimmt Anstoß an der «Sexualkomik» des Gedichts und findet, dieses wirke «unnatürlich und erzwungen, lüstern und zotenhaft» (*Literaturgeschichte* 50 und 51). Recht hat er nur mit dem Einwand, die *Pucelle* sei viel zu lang. Zwanzig oder sogar einundzwanzig Gesänge (falls der letzte auch von Voltaire stammt), und immer nur witzig, spöttisch und satirisch, das ist eben zu viel für unsereinen. Zeitgenossen, vor allem die «hochgestellten Persönlichkeiten», etwa Friedrich und sein Bruder Heinrich von Preußen, amüsierten sich freilich königlich über die *Pucelle*. Es war, wie Klemperer sagt, in ihren Augen «ein Tafelscherz».

Was könnte man zur Rehabilitierung der monumentalen Unanständigkeit sagen? Allenfalls dies: daß darin auch wieder aufklärerische Ideen zum Ausdruck kommen, wenn auch in blasphemischer Form, so wenn Voltaire Päpste, Heilige und Mönche in die Hölle verpflanzt, vielleicht aber auch, daß darin ein Alltagsrealismus entwickelt wird, der Seltenheitswert hat, zum Beispiel zu Beginn des zweiten Gesangs bei der Beschreibung der Heldin, die als ein dralles, robustes Bauernmädchen in einer lothringischen Schenke bedient und rundum Hiebe austeilt, wenn die Geistlichen oder andere Würdenträger, Pfaffen und Winkeladvokaten, nach ihren Schenkeln oder ihrem entblößten Busen greifen. Man braucht diese Beschreibung nur mit derjenigen der Jungfrau von Orléans in Chapelains *Pucelle* zu vergleichen, wo man sich vor Sakralisierungen und Idealisierungen nicht retten kann, um den Fortschritt zu erkennen, den Voltaire mit seiner Epenparodie realisiert hat. Übrigens findet Voltaire darin auch unverblümte Lobesworte über die Lehre Epikurs, also der maßvollen Genußstrategie, die dieser antike Philosoph entwickelt hat und der Voltaire sich anschloß. Selbst die gepfefferte Mönchs- und Pfaffensatire kann man mit Schmunzeln lesen. Und immer wieder gelingen Voltaire treffsichere Verse – etwa dort, wo Jeanne und Dunois nach der Schlacht hungrig umherirren:

Mourant de faim, et lassés de chercher,
Ils maudissaient la fatale aventure
D'avoir vaincu sans savoir où coucher.

(Vor Hunger sterbend und der Suche müde,
Verfluchten sie das Unglücksabenteuer,
Gesiegt zu haben, ohne zu wissen, wo sie ruhen könnten.)

Oder wie diese über einen Hund:

Ce chien approche, il jappe, il leur fait fête,
Virant sa queue, et portant haut sa tête
Devant eux marche, et se tournant cent fois.
Il paraissait leur dire en son patois:
«Venez par là, messieurs, suivez-moi vite,
Venez, vous dis je, et vous aurez bon gîte.»

(Der Hund kommt näher, jappst und freut sich,
Er wedelt mit dem Schwanz und trägt den Kopf schön hoch.
Er läuft ihnen voran und wendet sich oft um.
In seiner Sprache schien er sagen zu wollen:
Kommt her, Ihr Herren, folgt mir schnell,
Kommt, sage ich, hier gibt es eine gute Unterkunft.)

Erzählverse dieser Art zu schreiben hat Voltaire von La Fontaine gelernt, dessen *Contes et Nouvelles en vers* (mehr als die Fabeln) bei der Schaffung der *Pucelle* Pate gestanden haben. Voltaires größtes, nie ganz erreichtes Vorbild aber war Ariost mit seinem *Orlando furioso*, ebenfalls einem parodistisch gefärbten, burlesken Epos. In diese Tradition muß man das Gedicht stellen, dann bekommt es den hohen Stellenwert, den es literarhistorisch und gattungsgeschichtlich verdient.

Zur Gestaltung des Gedichts wäre noch lobend hervorzuheben, welch unglaublichen Reichtum und Witz an Reimen Voltaire darin entfaltet. Das kann hier nicht exemplifiziert werden, weil es nur im Original geschehen könnte. Übersetzbar sind Voltaires Reime so wenig wie andere. (Wie sollte man zum Beispiel wiedergeben, wenn er «Saint Dominique» auf «mélancolique» reimt ?) Aber auch die Handlung ist äußerst kunstvoll aufgebaut. In das historische Geschehen mit den vielen Schlachten, die unter der Anführung der Jungfrau zu lauter Siegen werden, flicht der Autor die Beschreibung der Hofhaltung und des verliebten Königs ein, der sich nicht von seiner Agnès Sorel (mit der er im Bett liegt) trennen möchte, dazu die Geschichte der Liebe von La Trimouille und Dorothee oder den Zwist zwischen dem Heiligen Denis und Sankt Georg im Himmel und, dies vor allem, die Schilderung der Hölle, in deren Feuer Prälaten, Päpste und Heilige schmoren ... Bei alldem weiß Jeanne (was weidlich ausgekostet wird) ihre Jungfräulichkeit zu bewahren, wie oft sie auch attackiert wird: dieses Hauptthema ist freilich ein bißchen zu dürftig für ein so langes Gedicht, aber es kennzeichnet den Ton. In Auszügen, pröbchenweise gelesen, kann die *Pucelle* ihre erheiternde Wirkung bis heute bewahren, vorausgesetzt man ist nicht prüde. Den Lesern der Zeit schien sie nicht zu lang, im Gegenteil, man verlangte nach immer mehr, und wieviele Fälscher sich daran machten, von Voltaires Namen und dem lasziven Ruf der *Pucelle* zu profitieren und dem Autor weitere Gesänge zuzuschreiben, die gar nicht von ihm stammten, ist gar nicht zu sagen. Erschienen ist das frivole Machwerk erstmals 1762 beim Verleger Cramer in Genf mit dem falschen Vermerk «Erscheinungsort London». Aber die *Pucelle* kursierte längst in zahlreichen Abschriften, und natürlich leugnete Voltaire, wie üblich, seine Verfasserschaft. In Wahrheit hat er nicht weniger verbessert und gefeilt an der *Pucelle* als an der *Henriade*. 1771 kommt eine Fassung in einundzwanzig Gesängen heraus, 1775 eine weitere, die ihrerseits eine Ausgabe von 1773 wiederholt. Die Herausgeber des Gedichts in der kritischen Neuausgabe von Voltaires Werken (hauptverantwortlich war Jeroom Vercruysse, 1970, Band VII) standen vor einer schier nicht zu lösenden Aufgabe. Was stammte wirklich von Voltaire? Welche Teile hat er nur als Schutzbehauptung von sich gewiesen und anderen zugeschrieben?

Angemerkt werden sollte schließlich noch, daß Voltaire die Jungfrau von Orléans selbst gar nicht verhöhnen wollte, sondern den Ruhmredner der über Gebühr verherrlichten Heiligen, Chapelain. Allenfalls mag man Voltaires Antiheroismus und seinen Antimilitarismus heraushören: «hero-worship» war nun einmal nicht seine Sache, es sei denn, es handelte sich um Geistesheroen, nicht um blutrünstige Krieger. Will man wissen, wie Voltaire wirklich über die Jungfrau von Orléans dachte, muß man deren Darstellung im *Essai sur les mœurs* lesen. Da erzählt Voltaire die Geschichte des lothringischen Bauernmädchens, das von den Beratern des französischen Königs zur Symbolfigur für den Krieg gegen England emporstilisiert wurde, das sich dieser Mission annahm, und wußte, wie man Soldaten anfeuert, nämlich indem man vorgibt, vom Himmel ausersehen zu sein, um eine vaterländische Aufgabe zu erfüllen. Seinem Anliegen ein religiöses Mäntelchen umzuhängen, das wußte Voltaire und wissen wir von seinem *Mahomet*, war ein sicheres Erfolgsrezept. Deswegen galt die Jungfrau Voltaire noch lange nicht als eine Heilige. Entrüstet aber hat ihn, wie sie von Theologen der Sorbonne zur Hexe erklärt und von christlichen Richtern zum Tod in den Flammen verurteilt wurde. Ein Mädchen bei lebendigem Leibe zu verbrennen, wie das zu Rouen mit Jeanne d'Arc geschah, bloß, weil es Hosen trug, das empörte den Patriarchen. Da blieb der Verteidiger der Calas sich selbst durchaus treu. Schiller brauchte an der Darstellung der Jungfrau von Orléans in Voltaires Geschichtswerk keinen Anstoß zu nehmen.

Neuntes Kapitel

Voltaires Geschichtsschreibung

I. Das *Siècle de Louis XIV* Voltaires Portrait des «Sonnenkönigs» und die Vertreibung der Hugenotten

Frankreich wird gern bewundert wegen seines geschickten Umgangs mit der eigenen Geschichte. Der galante François Premier wird zum ruhmvollen Renaissanceherrscher emporstilisiert, der indifferente Henri Quatre wird zum Verfechter der Toleranz gemacht, Napoleon als der größte Feldherr und Organisator gepriesen – und Ludwig XIV. ist der Monarch, der den Franzosen zu ihrer geistigen Selbstverwirklichung verholfen hat. Daß Ludwig XIV. auf allen anderen Gebieten außer dem kulturellen für Frankreich geradezu eine Katastrophe war, daß er blutrünstige Raubkriege geführt, das Land mit seiner prunksüchtigen Hofhaltung verarmt, die Errichtung eines Kolonialreichs verscherzt, oder doch nahezu verscherzt, sowie Handel und Wirtschaft durch die Vertreibung von ca. 300 000 Hugenotten, überwiegend tüchtigen Handwerkern und Kaufleuten, nachhaltig geschädigt hat, wiegt im Geschichtsbewußtsein der meisten Franzosen nach wie vor nicht schwer im Verhältnis zu seiner Förderung von Kunst und Wissenschaft und seiner für ganz Europa stilbildenden Hofhaltung. Die Tatsache, daß im 18. Jahrhundert alle Welt französisch sprach, scheint den Franzosen mehr zu bedeuten als die, daß ihr Land am Ende des 17. Jahrhunderts durch Kriege, Auspowerung und Hungersnöte um mindestens zwei Millionen Menschen ärmer war als zu Heinrichs des Vierten Zeiten. Heinz-Otto Sieburg, dessen *Geschichte Frankreichs* von 1975 wir diese Hinweise entnehmen, schreibt dementsprechend, die «Bedeutung des geistesgeschichtlichen Aspekts bei der Beurteilung Ludwigs XIV.» werde «auch dadurch unterstrichen daß ein so geschichts- und kulturbewußtes Volk wie das französische in seiner Mehrheit nicht das Zeitalter Napoleons, sondern das *grand siècle* ... als den Höhepunkt der eigenen Geschichte und die Vollendung der *civilisation française*» begreife (S. 149). – Keiner hat dazu mehr beigetragen als Voltaire.

Er machte sich um 1732, also noch vor dem Erscheinen seiner *Lettres philosophiques*, daran, die Ära Ludwigs XIV. in einem Geschichtswerk zu preisen, das dem Verfasser auch als Historiographen das Ansehen verschaffen sollte, das er sich als Epiker und Dramatiker bereits erworben hatte. Erschienen ist das Werk, *Le Siècle de Louis XIV* betitelt, erstmals 1752, in erweiterter Form 1756, 1763 und 1768. Man kann es ungefähr in der Mitte zwischen der *Geschichte Karls XII. von Schweden*, Voltaires erstem historiographischem Versuch, und dem *Essai sur les mœurs*, seinem historischem Meisterwerk von 1741 ff. situieren, denn es enthält noch viele personen- und militärgeschichtliche Informationen, bezieht aber doch auch (wie das spätere Werk) schon die sittengeschichtlichen, kultur- und geistesgeschichtlichen Aspekte mit in die Betrachtung ein. Im Zentrum steht, wie der Titel besagt, die Figur des Königs, von dem der Autor weiß, daß er bereits 1680 den Titel «der Große» zugesprochen bekommen hatte – was er grundsätzlich gutheißt –, den der Usus jedoch «den Vierzehnten» genannt hat: dabei sollte es, nach Voltaire, auch bleiben. Für uns stellt sich die Frage, wie der Verfasser an dem tradierten, alles überstrahlenden Bild des «Sonnenkönigs» festhalten konnte, wo er doch die Vertreibung der Hugenotten als einen Akt der Intoleranz mißbilligen mußte, das heißt, wie er die klassizistische Panegyrik mit der aufklärerischen Kritik verbinden konnte. Denn nur wenn ihm das gelang, konnte Voltaire zugleich sich selbst treu bleiben und der Nation das Ruhmesblatt seiner Geschichte schreiben, das er schreiben wollte und de facto auch geschrieben hat.

Zum Lob des Fürsten und seiner Ära müßte gesagt werden, daß das *Siècle de Louis XIV* insgesamt schon so angelegt war, daß es nur auf ein solches Lob hinauslaufen konnte: alles, was zuvor geschah, wird als ein allmählicher Anstieg auf die unter Ludwig XIV. endlich erreichte Höhe dargestellt, und wenn der

Blick des Betrachters über Frankreich hinausgeht, dient er ebenfalls der Kontrastierung von Licht hier und Schatten dort. Auf die keineswegs knappen Ausführungen zu Ludwigs XIV. Feldzügen gehe ich hier jedoch nicht weiter ein. Uns interessiert mehr, wie der König selbst portraitiert wird. Anschaulich tritt uns der Monarch zum ersten Mal in Kapitel XXV entgegen. Voltaire betont darin insbesondere den «éclat» und die «magnificence», also das glanzvolle Licht, in das der König all seine Handlungen zu stellen wußte, so daß er ins Zentrum des europäischen Interesses ebenso wie in dasjenige der Nachwelt rückte. Und diese Kunst der Inszenierung wird nicht etwa kritisiert, im Gegenteil, das Auftreten schon des jugendlichen Herrschers findet Voltaires ganze Bewunderung. Hier wird die panegyrische, enkomiastische Tendenz besonders deutlich, die von Übelwollenden freilich auch als eine leise Kritik an Ludwigs Nachfolger aufgefaßt werden konnte. (Aber laut werden konnten solche Vermutungen natürlich nicht, denn Voltaires Darstellung entsprach durchaus der offiziellen Linie, die vom vierzehnten über den fünfzehnten zum sechzehnten Ludwig weiterführt.)

Es folgen Ausführungen zur Bildung des Königs, der gerne las, aber – in Voltaires Augen – zu geringe Geschichtskenntnisse und zu wenig naturwissenschaftliche Bildung besaß: da fehlte eben ein Mann wie Voltaire! Immerhin, einer Mätresse zuliebe lernte der König Italienisch, seiner Frau zuliebe bemühte er sich um das Spanische. Die zeremoniellen Manieren des spanischen Hofstils habe der König jedoch zu französischer Galanterie und Anmut herabgemildert. Auch daß er gern tanzte, vermerkt der Historiograph eher bewundernd – im übrigen habe der König seine Zeit angemessen «in die Vergnügungen, die zu seinem Alter paßten» und die «Geschäfte, die zu seinen Pflichten gehörten» eingeteilt. Das liest sich alles fast wie in einem Fürstenspiegel.

Als der verschwendungssüchtige Oberfinanzverwalter Fouquet 1661 den König zum prunkvollsten aller Feste einlud, ist Ludwig bekanntlich dort auch erschienen – aber anschließend ließ er den Minister verhaften, der meinte, an Aufwand mit dem König wetteifern zu können. Voltaire erklärt zwar – im Gegensatz zur tradierten Meinung der Staatsräsonlehre – Verstellung sei keine Tugend, aber in diesem Falle rechtfertigt er die «dissimulation» des Königs doch, denn Fouquet sei nicht nur ein Verschwender, sondern auch ein Verschwörer gewesen. Freilich, letztlich war an der Verhaftung und Vernichtung des adelsstolzen Mannes sein Rivale, der aus dem Bürgertum stammende Minister Colbert, schuld. Zum ersten Mal begegnen wir hier der Tendenz des Geschichtsschreibers, den Berater schlecht zu machen, um den König weiß zu waschen.

Bleibt so die Größe des Königs intakt, dessen Leutseligkeit Voltaire ebensowenig zu loben müde wird, wie seine herrscherliche Würde und politische Entschiedenheit, so fällt von da eben auch das hellste Licht auf seinen Hof und die Höflinge als das Publikum für die vom König geförderten Künste und Wissenschaften. Das Mäzenatentum und das Organisationstalent des Akademiegründers werden in den höchsten Tönen gepriesen. Voltaire scheut sich da nicht, das «Jahrhundert Ludwigs XIV.» «le siècle le plus éclairé qui fut jamais» zu nennen, wobei die Lieblingsvokabel des Aufklärers keineswegs zufällig benutzt wird. Denn nie, sagt Voltaire, sei (ganz abgesehen von dem gepflegten Umgangston, der «politesse» der Ära) «la saine philosophie» so weit vorangetrieben worden: Es ist die vierte und höchste kulturelle Blütezeit nach dem Zeitalter des Perikles, dem des Augustus und dem der italienischen Renaissance.

Soviel in Erinnerung zu rufen schien erforderlich, um die bis heute nachwirkende Prägung französischen Geschichtsbewußtseins durch Voltaires *Siècle de Louis XIV* zu belegen. Wie aber vereinte der Autor sein Fürsten- und Epochenlob mit der Tatsache der Hugenottenvertreibung, die ihn doch empören mußte und tatsächlich auch empört hat (wie wir wissen)? Sie einfach mit Schweigen zu übergehen oder als Nebensächlichkeit hinzustellen ging für den Verfechter des Toleranzgedankens schlechterdings nicht an. Tatsächlich hat Voltaire dem Geschehen größte Aufmerksamkeit gewidmet. Will man mehr wissen über die sich anbahnende Verfolgung, die Steigerung des Pogroms und die brutale Vertreibung der französischen Protestanten, so braucht man nur die diesbezüglichen Seiten im *Siècle de Louis XIV* zu lesen. Voltaire erinnert zunächst daran, daß Kardinal

Mazarin die Andersgläubigen gemäß dem Edikt, das Heinrich IV. 1598 erlassen hatte und das den Hugenotten die Ausübung ihrer Religion gestattete, auch wenn sie als Staatsbürger nicht in jeder Hinsicht den Katholischen gleichgestellt waren, weitgehend unbehelligt ließ und daß Colbert, ökonomisch orientiert wie er war, diese sogar in den Manufakturen, in der Marine und anderswo beschäftigte. Doch dann geht die Macht faktisch an Ludwigs XIV. jesuitische Beichtväter, Le Tellier und Louvois, über, und diese bedrängen den König (um seines Seelenheils willen), die «Reformierten» zu unterdrücken: die Verfolgungen setzen ein und steigern sich alsbald. Zuerst wird den Hugenotten untersagt, Katholikinnen zu heiraten – was Voltaire für unklug hielt, denn manch ein Hugenotte wäre ja einer hübschen Katholikin zuliebe vielleicht katholisch geworden. 1681 verbot der König den Hugenotten, Steuereinnehmer zu werden: damit entfiel ein lukratives Geschäft für die finanzkräftigen Andersgläubigen. Handwerk und Zünfte wurden angewiesen, keine Hugenotten mehr aufzunehmen. Zugleich wird belohnt, wer konvertiert: es ist eine Politik von «Peitsche und Zuckerbrot». Hugenottenkinder werden entführt und in katholische Schulen geschickt. Da setzt um 1681 der Exodus ein, zumal kein Hugenotte mehr Anwalt, Notar oder Bürgermeister werden durfte und die Geistlichen natürlich besonders bedrängt wurden. 1682 flammt der Bürgerkrieg auf. In der Dauphiné und im Vivarais, wohin die Hugenotten sich geflüchtet hatten, wird Militär eingesetzt. Blut fließt, die sogenannten «Dragonnaden» beginnen, und das fördert das Märtyrertum, zu dem die Hugenotten als brave Staatsbürger gar nicht neigten, wie Voltaire immer wieder betont. 1684/85 werden die Grenzen geschlossen: kein Hugenotte sollte das Land mehr verlassen, so daß der weitere Exodus sich heimlich und unter Gefahr für Leib und Leben vollziehen mußte. Der Erlaß von 1685, mit dem das Edikt von 1598 zurückgenommen wurde, krönte also nur eine Entwicklung, die schon Jahre zuvor eingesetzt hatte. Nun wird auf dem platten Land gemordet, gefoltert, denunziert und Menschenjagd betrieben.

Es kann also keine Rede davon sein, daß der Aufklärer die Augen vor dem schrecklichen Phänomen verschlossen hätte, im

Gegenteil, er schätzt die Zahl der Vertriebenen schließlich auf ca. 500 000, das sind mehr als geschichtlich belegt ist. Und wozu das alles? Und zu welchem Zweck? fragt sich Voltaire, wo doch erwiesen war, daß der König in den Hugenotten ebenso treue Untertanen besaß wie in den Katholiken. Nun aber machten sie in Deutschland, Holland, England, Dänemark das Land urbar und gründeten Industrien oder wurden Soldaten, die Frankreichs Feinden dienten. An dieser Stelle folgt eine längere Anmerkung, in der Voltaires ganze zornbebende Entrüstung spürbar wird. Aber diese richtet sich nicht gegen den König selbst, sondern nur gegen seine Berater, die vermaledeiten Jesuiten. Sie hätten dem König eingeredet, ein Machtwort von ihm genüge, und alle seine Untertanen dächten so, wie er es wünschte. Der König, geblendet von seinem Ruhm, glaubte es. Er unterzeichnete das Dekret, das Le Tellier und Louvois vorbereitet hatten. Voltaire hat tatsächlich entweder geglaubt, Ludwig XIV. sei selbst an der Vertreibung der Hugenotten unschuldig oder er hat das behauptet, um den König nicht des Ruhmes zu berauben, den er ihm so großzügig gespendet hatte. Es geht um eine Ehrenrettung des Monarchen mit Hilfe der Minister- oder Beraterschelte.

An dieser Stelle muß daran erinnert werden, daß Voltaire keineswegs der Erfinder solcher monarchistischer Diskulpierungen war. Sie waren vielmehr im französischen Adel des 17. Jahrhunderts gang und gäbe. Daß dieser verarmte und politisch entmachtet wurde, ist nicht dem König selbst angekreidet worden, sondern seinen Beratern von Richelieu über Mazarin bis zu Colbert, dem aufgestiegenen Bourgeois. Der König galt als «le premier gentilhomme du Royaume», er war einer der ihren und durfte von den Aristokraten nicht schlecht gemacht werden, ohne daß das auf sie selbst zurückfiel: die Schuld für die absolutistische Politik, die in Wahrheit durchaus diejenige des Königs war, wurde seinen Ministern zugeschoben. Auch wenn es nun Jesuiten sind, die als böse Ratgeber bezichtigt werden, wie es von Voltaire nicht anders zu erwarten war, so gilt es doch festzuhalten, daß dieser sich als Geschichtsschreiber damit in eine feudalaristokratische Tradition stellt: es ist also Vorsicht geboten gegenüber der Vorstellung, Voltaires Geschichtsschreibung sei «bürgerlich» zu nennen. Für den späteren *Essai sur les mœurs*, in dem zivilisatorischer Fortschritt und menschliches Wohlergehen die entscheidenden Wertkriterien abgeben, mag das der Fall sein, hier, *im Siècle de Louis XIV* gelten noch weitgehend die alten, adligen Maßstäbe.

Doch es gibt – erfreulicherweise, wie man zu sagen geneigt sein mag – wenigstens *einen* späteren Text, in dem Voltaire den König nicht mehr von der Schande der Hugenottenvertreibung freispricht. Er ist *Discours de M. Belleguier* betitelt und stammt aus dem Jahre 1773. Von seiner eigenen Größe verführt, verkannte Ludwig (heißt es darin), worin die wahre Größe der Könige bestehe, nämlich in der Toleranz. Besser hätte der König daran getan, meint Voltaire ingrimmig, die Jesuiten des Landes zu verweisen. Und dann bricht es wieder einmal aus dem Patriarchen hervor, in dem endlich der Aufklärer über den Klassizisten gesiegt hat: «Ah! Louis quatorze, Louis quatorze, que n'étais-tu philosophe!» Der Toleranz hätte er sein Ohr leihen sollen, nicht dem Fanatismus der Jesuiten, ein Philosoph hätte er sein sollen, wie Marc Aurel, denn erst wenn die Könige Philosophen seien, das heißt Aufklärer, würden die Menschen glücklich.

2. Der *Essai sur les mœurs* als «Replik» auf Bossuets Geschichtsschreibung und Voltaires Bibelkritik: der Fall Moses

Ludwigs des Vierzehnten Hofprediger Jacques-Bénigne Bossuet hatte in seiner Eigenschaft als Erzieher des Dauphin in den Jahren 1670 bis 1681 den *Discours sur l'histoire universelle* verfaßt, der keine Rede und keine Abhandlung, sondern eine kurzgefaßte Universalgeschichte der Menschheit von den Anfängen bis in die Zeit Karls des Großen darstellt. Im Zentrum steht dabei die jüdische Geschichte als die Geschichte des auserwählten Volkes Gottes. Den Verlauf der Geschichte erklärt Bossuet als Erfüllung des göttlichen Heilsplans. Zwar erblickt er in den Menschen, vor allem den Großen der Geschichte, die treibenden Kräfte, denn es galt ja, einem künftigen Herrscher vorbildliche und abschrekkende Beispiele vor Augen zu führen, aber diese Menschen waren nicht von sich aus tugendhaft oder böse, sondern nur durch Gott. Sie vollstreckten allemal dessen Willen.

Bossuet hatte sich von allerlei Gelehrten Materialien beschaffen lassen, die er ordnend und straffend in seine großartig geschriebene Darstellung eingearbeitet hat, aber in erster Linie beruhte diese doch auf der Bibel, die er als historische Quelle benutzte. Über weite Strecken hin ist der *Discours sur l'histoire universelle* nichts anderes als eine Paraphrase des Alten Testaments. Er wäre jedoch ein schlechter Theologe gewesen, wenn er seine Wiedergabe nicht exegetisch genutzt hätte. Das Beispiel der Moses-Darstellung zeigt besonders deutlich, welches Ziel Bossuet im Auge hatte. Es kam ihm darauf an zu zeigen, wie sich dem christlichen Historiker im nachhinein erhellt, was dem Erlebenden der Geschichte noch nicht klar sein kann, in welcher Weise nämlich Gott das Geschehen lenkt. Bossuets belehrende Erläuterungen waren zwar ursprünglich für den Dauphin bestimmt, aber sie werfen doch ein helles Licht auf sein Denken. Jedes über diese Erläuterungen hinausgehende Fragen schien dem Hofprediger inopportun. Der Christ solle nicht mehr wissen wollen, als die Kirche ihm sagt.

Nimmt man zu all dem noch die oft konstatierte Beschränktheit von Bossuets geographischem Horizont hinzu – er ignorierte außer den Schauplätzen der jüdischen, griechischen und römischen Geschichte so gut wie alles –, so leuchtet unmittelbar ein, daß Voltaire, als er sich daran machte, Bossuets Geschichtswerk fortzusetzen und «umzufunktionieren», mehr Gründe zur Ablehnung als zur Anlehnung hatte. Nur daß es um eine «Universalgeschichte» gehen sollte, mußte ihm interessant erscheinen und daß darin Menschen (wenn auch von Gott gelenkt) die entscheidende Rolle zugesprochen wurde. Im übrigen hielt Voltaire die Geschichte der Juden für eine welthistorische Marginalie, die Bibel – wie wir noch sehen werden – für alles andere als eine zuverlässige Quelle, und natürlich machte er Gott nicht mehr für die Geschichte verantwortlich, sondern einzig und allein die handelnden Menschen. Voltaire säkularisierte die Historie, er setzte alles Überlieferte dem Urteil seines kritisch prüfenden Verstandes aus und erweiterte den Geschichtshorizont bis hin zum fernen Indien und China, Ländern, von denen er meinte, daß sie viel ältere Kulturen besessen hatten als Ägypten oder die Juden.

Voltaire begann seine Arbeit am *Essai* um 1741. Er knüpft darin auch zeitlich an Bossuet an, insofern er die Geschichte von Karl dem Großen bis zu Ludwig XIII. fortzuführen gedenkt. Im ersten Entwurf lag die Schrift 1743 vor, eine erste Veröffentlichung erfolgte 1745. Bis 1769 erschienen mehrere erweiterte Neuauflagen, und Voltaire hat bis zu seinem Tod 1778 an der Weltgeschichte, die stetig anwuchs, weitergearbeitet. Der *Essai sur les mœurs* ist nicht nur Voltaires umfänglichstes Geschichtswerk, er zeigt auch das Neue in seiner Geschichtsschreibung am deutlichsten.

Das Konzept dieses Werkes entwickelte Voltaire in einer langen Einleitung, die er 1765 erstmals dem *Essai* voranstellte und die er ursprünglich *Philosphie de l'histoire* betitelt hatte. Darin findet sich die Moses-Darstellung, auf die wir gleich eingehen wollen. Voltaire griff in seiner *Philosophie der Geschichte* auf die von Bossuet bereits behandelte Ur- und Frühgeschichte der Menschheit zurück. Er tat das vor allem, um darzutun, daß der Deismus – als eine undogmatische Form des Gottglaubens – die älteste, beste und natürlichste Religion sei. Wie in den bibelkritischen Schriften seiner Spätzeit auch sonst (und das sind sehr viele), frönte Voltaire hier ungeniert seiner Lust am Aufspüren aller Widersprüchlichkeiten, Unglaublichkeiten und Absurditäten im Alten Testament. Aber er schob seine oft bitterbösen Attacken vorzugsweise anderen in die Schuhe, darunter besonders den englischen Bibelkritikern, und distanzierte sich von diesen als angeblich frommer Christ. Daß Voltaire sich beileibe nicht nur für Könige, Feldherren und Kriege, sondern für alles zivilisatorische Geschehen interessierte, wird im *Essai sur les mœurs* sehr deutlich. Denn mit «mœurs» meinte Voltaire nicht die Moral, sondern die Lebensverhältnisse der Menschen. Er ging in seiner Betrachtung der Vergangenheit von der Aufklärung als dem endlich erreichten Höchststand zivilisatorischer Entwicklung aus und erblickt in allen vorherigen Zeiten, vor allem dem Mittelalter, Zeiten der Barbarei, des Fanatismus und der Rechtswillkür. Die Hauptschuld an der Retardierung des zivilisatorischen Fortschritts traf nach seiner Meinung das Christentum.

Den biblischen Bericht über Moses brauchen wir nicht zu referieren: er kann als bekannt gelten. Was Bossuet daraus gemacht hat, ist relativ rasch gesagt. Für ihn war Moses eine historische Größe erster Ordnung. Nach Jakobs Tod (liest man im dritten Kapitel des *Discours sur l'histoire universelle*) lebte das jüdische Volk noch ungefähr zwei Jahrhunderte in Ägypten: so lange mußte es auf Moses warten. Der Herr habe sein Volk daran gewöhnen wollen (erklärt Bossuet), sich in Geduld zu üben, bis sein Wort in Erfüllung ging. Auch mußten die Missetaten der Amoriter im Lande Kanaan erst auf den Höhepunkt gelangen, der Gottes Strafe rechtfertigte. Und schließlich mußten die Juden sich erst genügend vermehrt und ihre Knechtschaft in Ägypten sich ins Unerträgliche gesteigert haben, damit sie in Moses ihren Befreier zu würdigen wüßten.

Unserer Wiedergabe ist die lehrhafte Tendenz zu entnehmen, die Bossuets Werk kennzeichnet. Die Juden selbst konnten nicht erkennen, wozu ihr Warten und ihr Leiden gut sein sollte. Der Geschichtsschreiber erklärt es als Gottes wohldurchdachten Plan. Als dann die Zeit gekommen war (heißt es bei Bossuet weiter), sandte Gott Moses aus, das auserwählte Volk nach Israel zu führen. Die Einzelheiten der Flucht aus Ägypten werden nur kurz gestreift, auch Moses' Begegnung mit Gott auf dem Berge Sinai wird nicht ausführlicher geschildert. Bossuet betont lediglich – im Sinne der Exegese, an der ihm liegt –, Gott habe es für notwendig erachtet, die Gesetze nun schriftlich festzulegen, die sein Volk immer wieder zu vergessen drohte. Moses war zum Gesetzgeber auserkoren, weil er sich als einer der wenigen die Erinnerung an den Gott Abrahams und Isaaks noch bewahrt hatte.

Man kann ihn ein bevorzugtes Opfer von Voltaires Bibelkritik nennen. Die Juden hätten das kleine Land Gosen oder Gesen an der Grenze Ägyptens bewohnt, beginnt Voltaire seinen Bericht (Kap. 39): Dort weideten heute die Araber im Winter ihre Schafe. Man hat von Anfang an den Eindruck, Voltaire habe seine Bibellektüre mit dem Finger auf der Landkarte begleitet. Anfangs hätten die Juden nur aus einer Familie bestanden, referiert Voltaire weiter, im Laufe von zweihundertundfünf Jahren seien sie dann aber zu einem Volk von ungefähr drei Millionen angewachsen, denn (so Voltaires Berechnung) um ein Heer von sechshunderttausend Mann auf die Beine stellen zu können, wie es in der Bibel heißt, müsse man eine entsprechende Anzahl von Frauen, Kindern und Greisen hinzuzählen. So kommt Voltaire auf drei Millionen.

Und nun folgt eine Aufzählung der «Merkwürdigkeiten», über die sich die Gelehrten gewundert haben mögen, die nicht genügend bedachten, daß es sich um Wunder handelte. Dazu zählen schon die *zwei* Hebammen, die vom Pharao beauftragt wurden, alle männlichen Kinder der Juden umzubringen (nach 2. Moses 1,15); zwei Hebammen für drei Millionen Menschen! Dann findet Voltaire merkwürdig, wie die Tochter des Pharao, der in Memphis residierte, in einem Nebenarm des Nils baden ging (wo doch wegen der Krokodile niemand baden geht); es wundert ihn auch das Alter Moses', das die Bibel mit achtzig Jahren angibt: ein Achtzigjähriger als Feldherr der Juden? Ferner erscheint es dem Berichterstatter sonderbar, daß die Zauberer des Pharao dieselben Wunder zu vollbringen vermochten wie Moses, der Abgesandte Gottes (2. Moses 7,22): ließ Gott das zu, so handelte er doch sich selbst zuwider. Dann kommen die Pferde zur Sprache, mit denen Pharao die flüchtigen Juden verfolgte (2. Moses 14,9), was eigentümlich anmutet, nachdem in der Folge der Plagen doch sämtliche Tiere – einschließlich der Pferde – in Ägypten umgekommen waren. Und warum floh Moses mit seinen sechshunderttausend Mann und «Gott an der Spitze» vor den Ägyptern, die doch so zahlreich nicht gewesen sein konnten? Fragen über Fragen!

Es gibt nur eine Antwort auf sie (liest man erwartungsgemäß): Gott hat es so gewollt, die Kirche glaubt es, und wir müssen es auch glauben. Gottes Volk standen eben mehr Wunder zu als anderen Völkern. Statt auf direktem Wege nach Kanaan zu ziehen, machte Moses große Umwege, er kehrte fast an den Ausgangspunkt der Flucht zurück und führte sein Volk vierzig Jahre durch die Wüste, ohne für Proviant und Kleidung gesorgt zu haben. Aber er konnte sich ja auf Gott verlassen.

War sein Volk abtrünnig geworden, während Moses mit Gott sprach, und ließ er es nach seinem Abstieg vom Berge Sinai grausam bestrafen, so gibt das neuen Grund zu Voltaires Verwunderung: Dreiundzwanzigtausend ihrer Brüder machten die Söhne Levi nieder, «viginti tria millia hominum», wie Voltaire in der Vulgata las (Exod. 32,28). War das nicht ein bißchen viel? Und die zehn Gebote betreffend, findet Voltaire daran auszusetzen, daß der Hinweis auf die Unsterblichkeit der Seele, sowie Lohn oder Strafe im Jenseits fehlte. Das sei doch das wirksamste Mittel gegen Habgier und alle Art von Verbrechen, außerdem sei diese Lehre den alten Ägyptern genauso bekannt gewesen wie den Phöniziern, Persern und Indern. Von daher kann der Berichterstatter nicht umhin, an der Weisheit des Gesetzgebers Moses zu zweifeln, den Bossuet Solon und Lykurg gleichgestellt hatte. – Die ganze Darstellung mündet schließlich in die Feststellung, daß kein anderer Autor des Altertums über Moses berichtet: nur die Bibel. Sollte es ihn überhaupt gegeben haben? Um mit seinem Zweifel nicht allein dazustehen, führt Voltaire zum Schluß noch eine Anzahl gelehrter Bibelforscher – von Aben Esra über Maimonides bis zu Le Clerc und Middleton – an, die ebenfalls an Moses' Existenz, oder doch jedenfalls an dessen Verfasserschaft der Bücher Mose gezweifelt hätten.

Nach all dem ist klar, daß Voltaire in Wirklichkeit nicht an Moses glaubte: Die Widersprüche waren zu groß. Als Deist konnte er ja auch nicht daran glauben, daß Gott die Geschicke der Menschen lenkt. Er hatte die Welt geschaffen wie ein Uhrmacher Uhren fertigt. Nun lief sie nach den Gesetzen ab, die er ihr mit auf den Weg gegeben hatte. – Der Schritt, den Voltaire mit seiner Bibelkritik tat, war riesengroß. Sein Protest gegen Bossuet hat ihn, wie immer man dazu stehen mag, zu einem Vorläufer der modernen Geschichtsforschung gemacht. Wäre Bossuets Bericht, so könnte man vielleicht hinzufügen, nicht ganz so belehrend ausgefallen, hätte Voltaire ihn auch nicht ganz so bissig «hinterfragt». Aber das ist natürlich nur eine Vermutung.

Zehntes Kapitel

Das philosophische Wörterbuch

Seit 1745 bestand in Frankreich der Plan, ein Lexikon herauszubringen, das neben Sachinformationen aller Art die Ideen der Aufklärung propagieren sollte. Der Verleger Le Breton hatte dafür einen Geistlichen, den Abbé de Malves, als Herausgeber vorgesehen. Dieser übergab sein Konzept 1747 Diderot und D'Alembert, die an die Stelle des Abbé traten. 1750 erschien Diderots Ankündigung des Jahrhundertwerks, das *Encyclopédie ou Dictionnaire raisonné des sciences, des arts et des métiers* heißen und in fünfunddreißig Bänden zuzüglich mehrerer Bildbände herausgebracht werden sollte. D'Alembert verfaßte 1751 die Einleitung, die, an Francis Bacon anknüpfend, in einem historischen und einem systematischen Teil nicht nur erklärte, was die Enzyklopädie sein sollte, sondern diese auch als das Werk der Aufklärung par excellence hinstellte. Kaum waren die ersten Bände erschienen, schlug jedoch die staatliche Zensur zu: 1752 erfolgte ein erstes Verbot, dem weitere folgten, die Diderot jedoch umgehen konnte, weil er inzwischen mindestens 4000 Subskribenten gewonnen hatte, die einen Rechtsanspruch auf das Weitererscheinen hatten. Doch D'Alembert resignierte. Er wollte seinen Ruf als Académicien nicht gefährden und fand, ein Nachschlagewerk dieser Größenordnung sollte nicht ohne staatliche Unterstützung erscheinen. Bis dahin hatte er ebenso energisch an der Enzyklopädie mitgewirkt wie Diderot, der das Werk schließlich zum guten Ende führen konnte. In der Ankündigung der Enzyklopädie hatte es geheißen, D'Alembert sei nur für den «mathematischen Teil» zuständig. Das stimmt mit der Tatsache nicht überein, daß er auch Mitarbeiter anwarb – darunter, last but not least, seinen Freund Voltaire. 1755 begann dieser in immer rascherer Folge Artikel für die Enzyklopädie zu schreiben. Er verfaßte oder skizzierte die Artikel «âme», «faiblesse», «feu», «finesse», «force», «génie», «goût» und andere mehr. Und er mischte sich, engagiert wie er war, auch in das Geschäft der Herausgeber ein, indem er Richtlinien für die Abfassung von Lexikonartikeln entwarf. Darin wurde der Anteil von Definition und Veranschaulichung festgelegt und betont, daß die Abfassung sachlich, ohne Schnörkel, geschehen müsse. Seine eigenen Artikel ließ er sich von D'Alembert zurückschikken, wenn sie dessen Zustimmung nicht fanden. Voltaire ist da erstaunlich nachsichtig, geduldig und kooperativ gewesen.

Doch dann fand er, sein Freund D'Alembert habe recht: gegen den Willen der Regierung sei ein solches Nachschlagewerk nicht zu realisieren. Ob man es nicht lieber im Preußen Friedrichs des Großen herausbringen sollte? Daraus ist bekanntlich nichts geworden – und so folgte Voltaire 1758 dem Rückzieher D'Alemberts, als die Enzyklopädie zum dritten oder vierten Mal verboten wurde. Er hatte seine Hintergedanken dabei. Denn schon seit Jahren – man weiß das aus Gesprächen, die er 1750 oder 1751 in Potsdam mit dem Preußenkönig führte –, plante er, ein eigenes «philosophisches Wörterbuch», das heißt ein Lexikon der Aufklärung zu verfassen und herauszugeben, ein privates Konkurrenzunternehmen zur Enzyklopädie sozusagen. Es sollte der Ideenpropaganda entschieden mehr Raum geben als Sachinformationen. Und schon entstanden (in Potsdam) die ersten Artikel. Die erste Ausgabe des Werkes, das den Titel *Dictionnaire philosophique portatif* trug, erschien 1764. «Portatif» traf zu: das Werk kam mit 350 Seiten aus. Da es eifrig nachgedruckt wurde, erweiterte und vervollständigte Voltaire jedoch sein «Dictionnaire». Zwar blieb es bei der alphabetischen Anordnung, aber 1765 erschien es bereits in zwei Bänden von 365 und 323 Seiten. Später taufte Voltaire sein «Taschenwörterbuch» um in *La raison par alphabet*, doch der ursprüngliche Titel (ohne «portatif») setzte sich schließlich durch. Zahlreiche Artikel aus anderen Werken fanden darin Aufnahme, und die späteren Herausgeber der Werke Voltaires fügten noch weitere hinzu. In der Ausgabe der «Classiques Garnier» von 1967 umfaßt das «Dictionnaire» dann wieder, etwas bereinigt, 638 Seiten einschließlich der Anmerkungen und Erläuterungen.

Das *Philosophische Wörterbuch* biete eine Quintessenz von Voltaires Denken, schreibt Christiane Mervaud im darauf bezogenen Artikel des *Dictionnaire de Voltaire*. Die Sprengkraft des Werkes wurde sofort erkannt. Der Rat der Stadt Genf verbot es, ließ es zerreißen und öffentlich verbrennen, wie es einst das Pariser Parlament mit den *Lettres philosophiques* getan hatte. («Dort, wo man Bücher verbrennt, verbrennt man am Ende auch Menschen» hat Heinrich Heine gesagt.) Die französische Zensur untersagte die Verbreitung des *Dictionnaire philosophique*, weil es die «Fundamente der katholischen Kirche» untergrabe, Jesu Göttlichkeit in Zweifel ziehe, seine Wundertaten leugne und die Erbsündelehre ablehne, folglich die Gesellschaftsordnung durcheinanderbringe. Welche Logik! Voltaire reagierte mit den üblichen Verleugnungen und erfand die Namen von angeblichen Verfassern oder bezeichnete es als ein Werk des Teufels.

Etwa drei Fünftel der Artikel sind tatsächlich der Kritik am Christentum gewidmet, sie gelten der Bibel ebenso wie der Lehre und der Geschichte dieser Religion. Daneben gibt es eine Anzahl im engeren Sinne philosophischer Artikel, wie «Liberté», «Philosophie» oder «Idée», einige politische, wie «Etat», «Gouvernement» oder «Tyrannie» und einige ästhetische, wie «Goût», «Beau» oder «Beauté». In Aufbau und Stil sind sie außerordentlich verschieden. Polemische, witzige und ironische Artikel wechseln mit relativ sachlichen ab. Oft werden auch kleine Anekdoten oder Geschichten erzählt, manchmal historische Exkurse angeboten (zum Beispiel über die Konzile). Die Verschiedenartigkeit macht einen Hauptreiz des Werkes aus und verbietet schlechterdings, es auf einen Nenner zu bringen.

Es folgen die Artikel «Glaube» (Foi), «Menschenfresser» (Anthropophages) und «Propheten» (Prophètes).

Der Artikel «Glaube» erzählt eine von Voltaire erfundene Anekdote aus der italienischen Renaissance. Er schlägt, wie manche andere Zeugnisse der Aufklärung, eine Brücke zurück zum Zeitalter des Humanismus. Der freche Text läßt Voltaire gewissermaßen an Luther anknüpfen, denn auch hier wird der Papst angegriffen. Worüber Voltaire sich lustig macht, ist jedoch nicht nur die Sittenlosigkeit und der Unglaube des Heiligen Vaters und seiner Nepoten, es ist im Grunde das Prinzip «credo quia absurdum», «ich glaube, was oder weil es absurd ist», das dem Kirchenvater Tertullian zugeschrieben wird. – Der Artikel «Menschenfresser» knüpft an Montaigne an, der in der Folge auch genannt wird, und der, ebenso wie Voltaire, die Grausamkeit des Kriegführens über diejenige der Menschenfresserei stellt. – Mit dem Artikel «Propheten» bezieht sich Voltaire, wie so oft, auf das Alte Testament.

Glaube

Eines Tages traf sich Fürst Pico della Mirandola mit Papst Alexander VI. bei der Kurtisane Emilia, während Lukrezia, die Tochter des Heiligen Vaters, in den Wehen lag und man in Rom nicht wußte, ob das Kind vom Papst oder von seinem Sohn Cesare Borgia, oder von Lukrezias Mann, Alfons von Aragon stammte, der als impotent galt. Die Unterhaltung fing gleich munter an. Der Kardinal Bembo berichtet einen Teil davon: «Kleiner Pico», fragte der Papst, «wen hältst Du für den Vater meines Enkelkindes?» «Ich glaube, es ist Euer Schwiegersohn», antwortete Pico. «Wie kannst Du nur so etwas Dummes glauben?» «Ich glaube es aus meinem Glauben heraus.» «Aber weißt du denn nicht, daß ein Impotenter keine Kinder zeugen kann?» «Der Glaube», entgegnete Pico, «besteht darin, etwas zu glauben, gerade weil es unmöglich ist; außerdem fordert die Ehre Ihres Hauses, zu glauben, daß Lukrezias Kind nicht aus einem Inzest hervorgeht. Sie lassen mich an weit mysteriösere Dinge glauben: Soll ich nicht glauben, daß eine Schlange reden konnte, daß seit der Zeit alle Menschen sündig sind, daß Bileams Eselin höchst beredt zu sprechen vermochte und daß die Mauern Jerichos beim Schall der Trompeten zusammenfielen?» Pico ließ eine Litanei all der Wunderdinge folgen, an die er glaubte. Alexander fiel auf sein Sofa vor lauter Lachen. «Ich glaube an all das wie Ihr», sagt er, «denn es ist mir klar, daß ich nur durch den Glauben selig werden kann und nicht durch meine Werke.» «Ach, Heiliger Vater», sprach da Pico, «Sie brauchen weder Werke noch Glauben: das brauchen nur wir armen Laien. Sie aber können als Gottes Stellvertreter glauben und tun, was Sie wollen. Sie haben die Schlüssel zum Himmelstor, Petrus wird Ihnen zweifellos die Türe nicht vor der Nase zuschlagen. Aber ich bräuchte schon eine gewaltige Protektion, wenn ich, als gewöhnlicher Fürst, mit meiner Tochter geschlafen und so oft Dolch und Gift gebraucht hätte wie Euer Heiligkeit.» Alexander verstand Spaß. «Reden wir ernsthaft miteinander», sagt er zum Fürsten von Mirandola. «Sagen Sie mir, welches Verdienst darin bestehen kann, Gott zu erklären, man glaube an etwas, woran man nicht glauben kann? Welches Vergnügen kann Gott daran haben? Unter uns, zu sagen, man glaube an etwas, woran man unmöglich glauben kann, heißt lügen!» Pico della Mirandola bekreuzigte sich: «Oh Gott im Himmel, rief er aus, Euer Heiligkeit mögen es mir verzeihen, aber ein Christ sind Sie nicht!» «Bei Gott, nein!» sagte der Papst. «Habe ich mir's doch gedacht», sprach Pico della Mirandola.

Menschenfresser

(...) Es ist nur zu wahr, daß es Menschenfresser gegeben hat. Wir haben in Amerika welche gefunden. Vielleicht gibt es sie dort immer noch. Und die Zyklopen waren nicht die einzigen in der Antike, die sich manchmal von Menschenfleisch ernährten. (...) 1725 wurden vier Wilde vom Mississippi nach Fontainebleau gebracht. Ich hatte die Ehre, mich mit ihnen zu unterhalten. Darunter war eine Dame, die ich fragte, ob sie Menschen gegessen habe. Sie antwortete mir ganz naiv, ja, das habe sie getan. Ich schien ein bißchen empört zu sein. Sie entschuldigte sich damit, daß sie sagte, es sei besser seine Feinde aufzuessen, wenn sie tot seien, als sie den wilden Tieren vorzuwerfen: die Sieger verdienten bevorzugt zu werden. Wir töten unsere Nachbarn in geordneter oder auch nicht geordneter Feldschlacht und sorgen für geringstes Entgelt für die Ernährung von Raben und Würmern. Da ist der Horror, da ist das Verbrechen. Was tut's, wenn man getötet ist, ob man von einem Soldaten oder von einem Raben oder Hund aufgefressen wird? Wir achten die Toten mehr als die Lebenden. Man müßte *beide* achten. Die Völker, die man zivilisiert nennt, taten recht daran, ihre besiegten Feinde nicht am Spieß zu braten, denn wenn es erlaubt wäre, seine Nachbarn aufzuessen, äße man bald auch seine Landsleute – und das wäre entschieden von Nachteil für die soziale Tugend. Aber die zivilisierten Nationen waren nicht immer schon zivilisiert, alle waren lange Zeit Wilde und im Laufe der unzähligen Umwälzungen, die der Erdball durchlebt hat, war das Menschengeschlecht einmal sehr zahlreich, einmal gering an Zahl. Es ist den Menschen ergangen wie es den Elefanten, den Löwen, den Tigern heute ergeht, die an Zahl sehr zurückgegangen sind. Zu Zeiten, wo eine Gegend dünn besiedelt war, waren die Menschen Jäger, viel Kunstfertigkeit besaßen sie nicht. Die Gewohnheit, sich von dem zu ernähren, was man getötet hatte, führte leicht dazu, daß sie ihre Feinde behandelten wie die Hirsche oder Eber. Der Aberglaube hat zu Menschenopfern geführt, die Not dazu sie zu essen. Was ist ein größeres Verbrechen: sich fromm zu versammeln, um in das Herz eines Mädchens, das mit Bändern geschmückt wird, ein Messer zu stoßen und Gott damit zu ehren, oder einen elenden Kerl aufzuessen, der sich nach Kräften gewehrt hat, ehe man ihn umbrachte? Und doch gibt es weit mehr Beispiele von Knaben und Mädchen, die geopfert wurden, als von solchen, die man aufaß: fast alle bekannten Nationen haben Knaben und Mädchen geopfert. Die Juden haben es getan. Das hieß «Anathem», Bannfluch. Es ging um ein veritables Menschenopfer. Im neunundzwanzigsten Kapitel des Levitikus (drittes Buch Mose) ergeht der Befehl, die lebenden Seelen, die man geweiht hat, nicht zu schonen, aber nirgendwo steht etwas davon, daß sie aufgegessen werden sollten: Man droht ihnen nur damit. Und Moses sagte den Juden, wie wir gesehen haben, wenn sie seinen Gesetzen nicht folgten, bekämen sie nicht nur die Krätze, sondern dann würden die Mütter ihre Kinder aufessen. Es stimmt, daß zu Hesekiels Zeiten die Juden gewohnt waren, Menschenfleisch zu essen, denn ihnen wird im 39. Kapitel geweissagt, Gott werde ihnen nicht nur die Pferde ihrer Feinde zu essen geben, sondern auch deren Reiter und die anderen Krieger. Das steht fest. (...)

In englischen Anekdoten aus der Zeit Cromwells habe ich gelesen, daß eine Kerzenmacherin aus Dublin exzellente Kerzen aus Engländerfett herstellte. Nach einiger Zeit beklagte sich einer ihrer Kunden darüber, daß ihre Kerzen nicht mehr so gut seien. «Ach ja», sagte sie, «in diesem Monat hatten wir zu wenige Engländer.» Ich frage, wer war mehr schuld: die die Engländer mordeten oder die Frau, die aus ihrem Fett Kerzen machte?

Propheten

(...) Prophet zu sein ist zugegebenermaßen ein übles Metier. Auf einen wie Elias, der in einer schönen Kutsche aus Licht, von vier Schimmeln gezogen von Planet zu Planet spazieren fährt, kommen hundert, die zu Fuß und von Tür zu Tür betteln gehen müssen. Es geht ihnen ähnlich wie Homer, der in den sieben Städten, die sich später um die Ehre stritten, seine Geburtsstadt gewesen zu sein, betteln gehen mußte. Seine Kommentatoren haben ihm eine Unzahl Allegorien zugeschrieben, an die er nie gedacht hat. Den Propheten hat man oft dieselbe Ehre angetan. Ich bestreite nicht, daß sie sehr gut über die Zukunft Bescheid wußten. Man muß nur seiner Seele einen ordentlichen Schuß Exaltation verpassen, wie es der wackere oder verrückte Philosoph unserer Tage tat, der ein Loch bis zu den Antipoden bohren und die Kranken mit Pechharz einschmieren wollte. Die Juden exaltierten ihre Seele so gut, daß sie alles Zukünftige klar vor sich sahen, dennoch ist es schwer zu sagen, ob die Propheten mit Jerusalem immer das ewige Leben meinen, ob Babylon London oder Paris bedeutet, ob, wenn sie von einem großen Festmahl reden, man es als Fasten verstehen soll, ob Rotwein Blut, ein roter Mantel den Glauben und ein weißer Mantel die Nächstenliebe bedeutet. Der Menschengeist muß sich anstrengen, die Propheten zu verstehen. Deswegen sage ich nicht mehr darüber.

Elftes Kapitel

Die philosophischen Romane

Romans et Contes philosophiques lautet der im Französischen übliche Titel für die mehr oder minder romanartigen Erzählungen, die Voltaire im Laufe seines Lebens geschrieben, aber nie in Buchform publiziert hat. In den Ausgaben seiner Werke pflegen sie unter «Littérature» wiedergegeben zu werden, wo sich die verschiedensten literaturkritischen oder polemischen Schriften befinden: es ist ein «Sammelsurium», wie so vieles in Voltaires Werk. Henri Bénac, der Herausgeber der *Romans et Contes* in der wohlfeilen und weitverbreiteten Ausgabe der «Classiques Garnier» (1960 und öfter) vereint unter diesem Titel sechsundzwanzig Texte, die meistens in Erzählform, manchmal aber auch in Briefform geschrieben sind. Da gibt es neben den bekannteren vier, von denen hier die Rede sein soll, nämlich *Micromégas, Zadig, L'ingénu* und *Le taureau blanc*, den *Vierzigtaler-Mann*, die *Briefe Amabeds*, die *Prinzessin von Babylon* und andere mehr, die sicher auch mit Vergnügen gelesen werden können, die aber doch nicht an die Qualität der ausgewählten Texte heranreichen. (In eine andere Rubrik gehören Voltaires Verserzählungen.)

Voltaire war ein einfallsreicher, pointensicherer Erzähler, dessen Besonderheit ein einzigartiges Erzähltempo ist, aber er hat seine Geschichten – die meist erstmals in gewissen Salons vorgetragen wurden – nicht nur zur Unterhaltung, sondern, wenn man so will, auch zur Belehrung geschrieben, das heißt um seine aufklärerischen Ideen, nicht zuletzt die Christentumskritik, an den Mann zu bringen. Dazu war ihm jede Verkleidung recht, die pseudowissenschaftliche (*Micromégas*) ebenso wie die orientalisch-märchenhafte (*Zadig*), die der «edlen Wilden» (*L'ingénu*), die des Reise- und Abenteuerromans (*Candide*) oder die des Alten Testaments (*Le taureau blanc*). Sie alle sollen hier in gebotener Kürze besprochen werden.

1. Micromégas

Die Erzählung von der Erdenreise des Sirius-Bewohners Micromégas ist im wesentlichen 1739 entstanden. Damals trug diese «philosophische Geschichte» noch den Titel «Voyage du Baron Gangan». Der spätere Name, *Micromégas*, betont den «philosophischen» Charakter der Geschichte stärker. Er enthält in nuce deren Programm, spielt auf die Lehre des Relativismus an, die sich aus der Konfrontation von Groß und Klein ergibt, und ist insofern künstlerisch eine Verbesserung. Aber «Gangan» war auch kein uninteressanter Titel. Es ist nämlich der Name einer Figur aus den Riesenchroniken des 16. Jahrhunderts, der über Rabelais und Swift zu Voltaire gewandert ist. Die Herleitung dieses Namens gibt uns einen Hinweis auf die Filiation, in die diese Geschichte gehört.

Das erste, was einem bei der Lektüre des *Micromégas* auffällt, ist denn auch eine Eigentümlichkeit, die wir von Rabelais her kennen, die selbstverständliche Aussage des Wunderbaren. Als ihn jüngst wieder einmal eine seiner Reisen vom Planeten Sirius auf unseren Ameisenhaufen Erde führte, liest man da, als wäre es das Selbstverständlichste von der Welt, hatte der Erzähler die Ehre, die Bekanntschaft eines geistreichen jungen Mannes zu machen, der Micromégas hieß. Und so geht es weiter, als wäre auch daran nichts besonderes: Micromégas war acht Meilen groß, das heißt 24 000 Schritte à fünf Fuß. Wer ist der Erzähler, der hier mit seinem Ich erscheint? Die Frage wird überspielt, indem sogleich auf die Größe des Micromégas eingegangen, und weiter erklärt wird, daß, wenn die Größe des Sirius der Länge seines Bewohners proportional gesetzt würde, der Planet Sirius genau 21 Millionen sechshunderttausend mal so groß sein müsse wie die Erde. Nichts sei gewöhnlicher und einfacher in der Natur als solche Größenunterschiede. Die Kleinstaaten Deutschlands und Italiens im Vergleich zum Riesenreich der Türkei, Rußlands oder Chinas, böten nur ein schwaches Abbild der ungeheuren Größenunterschiede, die es in der Welt gebe. – Wer denkt nach diesen Rechenkunststücken, die einen erst schwindeln und dann schmunzeln machen, noch an das «Ich», das oben unerklärt blieb? Es ist also nicht nur das Selbstverständliche des Wunderbaren, sondern es ist auch die unverfrorene Einsetzung des Erzähler-Ichs, die einen hier an Rabelais erinnert. Je größer die Phantastik, je aberwitziger die dargestellten Begebenheiten, desto dringlicher ist natürlich deren Beglaubigung. Voltaire sichert sie sich durch die Präzision seiner Zahlen und durch die Scheingenauigkeit seines Kalküls.

Micromégas war ein begabtes Kind, erfährt man weiter, er hatte im Alter von 250 Jahren schon auf seinem heimatlichen Jesuitenkolleg mehr als fünfzig euklidische Sätze selbständig gefunden. Das bedeutet achtzehn Sätze mehr als Blaise Pascal ... Mit dieser Fortsetzung wird der Kontrast «gewöhnlich/wunderbar» weiter entwickelt. Der räumlichen Relation entspricht offenbar auch eine zeitliche: man ist mit 250 Jahren auf dem Sirius noch ein Schüler. Die Jesuiten und Pascal dagegen wären auf das Konto «alles wie bei uns Zuhause» zu buchen. Das Motiv wird weiter entwickelt. Micromégas seziert gewisse Insekten seines Heimatplaneten (sie haben nur 100 Fuß Durchmesser), er schreibt ein interessantes Buch darüber, das macht ihn bekannt, es finden sich Neider, sie schwärzen ihn bei Hofe an, das verärgert Micromégas – und er begibt sich von zu Hause fort, teils auf einem Sonnenstrahl reitend, teils vermittels eines Kometen («par la commodité d'une comète»). Auf dem Saturn (dessen Bewohner nur ungefähr zwei Kilometer groß sind) freundet er sich mit dem «Secrétaire de l'Académie de Saturne» an, und indes er sich angeregt mit diesem – der unverkennbar die Züge Fontenelles trägt – unterhält, gelangt er schließlich auf die Erde. Nach diesen Präliminarien beginnt dann sozusagen die eigentliche Geschichte. Die Weltraumreisenden landen in der nördlichen Ostsee. Dort stoßen sie auf ein Forschungsschiff, das unter der Leitung von Maupertuis Messungen über die Erdkrümmung in Polnähe veranstaltet. (Das Schiff, Maupertuis und die Messungen sind authentisch; die letzteren fanden 1736/37 statt, Maupertuis selbst berichtete im Januar und März 1739 in Cirey darüber – das ist ein wichtiges Indiz zur Datierung des Textes.) Und nun setzt die Unterhaltung zwischen den Bewohnern des Sirius und des Saturn einerseits, den winzigen, milbenähnlichen Erdbewohnern andererseits ein. Sie beginnt mit experimentalphysischen Fragen, da erstaunt das Können der Menschlein die Kosmonauten von Sirius und Saturn; sie endet mit philosophischen Themen wie der Frage nach der Seele und der Verbindung von Materie und Geist, da erweist sich das Vermögen des Menschengeistes als ziemlich gering. Der letzte, eigentlich «philosophische» Teil des kleinen Romans ist mit metaphysischen Fragen ausgefüllt. Voltaire nimmt den Anlaß wahr, sich über Lockes Sensualismus positiv, über alle anderen philosophischen Schulen jedoch negativ zu äußern. Schließlich ergreift ein Anhänger des Thomas von Aquin lauthals das Wort und will alles besser wissen als die anderen. Der Sirier erkennt, daß die Überheblichkeit dieses Menschen im entgegengesetzten Verhältnis zu seiner Winzigkeit steht – und mit einem Lachen des Siriusbewohners angesichts solcher Anmaßung endet die Geschichte.

Die Lehre des «Micromégas» unterscheidet sich nicht wesentlich von derjenigen der meisten späteren Romane. Die Fabel von den Weltraumreisenden und ihrem Besuch auf der Erde ist dazu ersonnen, Voltaires Überzeugung vom Nutzen der empirischen Forschung und vom Unfug der Metaphysik darzulegen. Es paaren sich also Skepsis und Zuversicht darin: der Mensch kann vieles messen, vieles aufgrund sorgfältiger Beobachtung erkennen, spekulative Systeme aufzustellen ist dagegen ein gänzlich unnützes, ebenso aussichtsloses wie lächerliches Unterfangen.

2. Zadig

Zadig ou la destinée entstand im Jahre 1747. Voltaire veröffentlichte den Text zuerst anonym, nahm ihn jedoch später in seine Werke auf und gab dadurch seine Verfasserschaft zu. Auch dieser kleine Roman trug ursprünglich einen anderen Titel («Memnon»), wurde dann überarbeitet und erweitert. So gering er also die Gattung und seine kleinen Arbeiten der Art angeblich einschätzte, Voltaire hat sich ihre Niederschrift nicht leicht gemacht. Der Stil des *Zadig* weist denn auch alle Vorzüge der Erzählprosa Voltaires auf, das Tempo, die Auslassungs- und (von Auerbach so benannte) «Scheinwerfertechnik», die Karikatur und die stets überraschende Variabilität. *Zadig* ist einer der witzigsten Romane Voltaires. Sprache und Handlungsführung, Stil und Erzähltechnik werden so sicher, so spielerisch souverän gehandhabt, daß bei der Lektüre der besondere Kunstgenuß und die Bereitschaft zum Amüsement gegenüber der Anteilnahme durchaus überwiegen, ganz abgesehen davon, daß der Autor die seelischen Regungen seiner Romanfiguren meist entweder ausspart oder durch Übertreibung unglaubwürdig macht. Daß Voltaires Romanfiguren Marionetten glichen, ist so oft schon gesagt worden, daß man sich scheut, den Vergleich zu wiederholen. Aber er ist zutreffend, sowohl was ihre Seelenlosigkeit, als auch was die Artistik anlangt, mit der sie vom unsichtbaren Puppenspieler vorgeführt werden.

Zadig beginnt mit einem Scherz des Autors in Gestalt einer «Approbation». Als wäre er königlicher Zensor, erklärt der Autor, er habe das Manuskript gelesen, es interessant, moralisch, philosophisch und für würdig befunden, selbst solchen Lesern zu gefallen, die Romane haßten. Infolgedessen habe er, der Zensor, es als verabscheuungswürdig indiziert ... Zu verstehen ist: Romane sind verwerflich, am verwerflichsten die guten. Wir wissen, daß der Kanzler D'Aguesseau als königlicher Zensor im Jahre 1738 tatsächlich nicht nur in Frankreich ein offizielles Romanverbot erlassen, sondern es sogar den französischen Journalisten untersagt hatte, von Romanen auch nur zu sprechen. Das Verbot war zu leicht zu umgehen, als daß es der Gattung ernstlich hätte schaden können: man schrieb dann eben «Memoiren» und ließ sie in Holland drucken. Voltaire kaschierte seinen *Zadig* als «Histoire orientale». Durch die erwähnte «Approbation», die ja die Vortrefflichkeit des Werkchens erst recht hervorhob, suchte Voltaire, der in solchen Schlichen wohlbewandert war, seinen *Zadig* mit dem Reiz der verbotenen Früchte auszustatten. Indirekt ergibt sich daraus eine Zuordnung zum Roman – weswegen der Spaß hier nicht unerwähnt bleiben sollte.

Indem er dann seinen *Zadig* als eine orientalische Geschichte vorstellt, die in der Widmungsepistel umständlich als eine Übersetzung aus dem Arabischen aufgrund einer ursprünglich chaldäischen Fassung ausgegeben wird, gibt Voltaire uns einen weiteren Fingerzeig zur Einordnung des Werkes. Es handelt sich um einen Roman im Märchenstil, dessen Handlung sich angeblich im Orient abspielt. Vom Märchen hat er die Mischung von Phantastik und Realistik und den Anspruch auf Märchenwahrheit, vom Orient sein Kolorit. Greifen wir zunächst den letzteren Gesichtspunkt auf. Schauplatz der Handlung des *Zadig* sind Babylon, Syrien und Ägypten. Palmen, Dromedare, Araberpferde, Wesire, Satrapen, Derwische, Bonzen und Brahmanen kommen darin vor. Es gibt Serails, Perserteppiche, Diwane, viel Gold und viele Edelsteine, man verneigt sich bis in den Staub und sagt sich blumige Schmeicheleien. Die Personen heißen nicht nur wie Orientalen Zadig, Setoc, Astarte, Cador, Moabdar, sondern sie sind auch einerseits gerissen, leidenschaftlich und grausam, andererseits großmütig, gerecht und weise – wie man es bekanntlich im Orient ist. Die Hauptfigur, Zadig, erinnert mehr als alle anderen an gewisse Figuren aus *1001 Nacht*. Wie Nourgehad, dessen Name «Leuchte der Welt» bedeutet und somit ähnlich für die Idealität seines Trägers spricht wie der Name Zadig, ist Voltaires Held listig und gerecht, weise und kenntnisreich und wie Sindbad zugleich scharfsinnig und kühn. Zum äußerlichen Kolorit und zur Figurenähnlichkeit kommt im *Zadig* sodann als tiefere Gemeinsamkeit mit dem orientalischen Märchen die Haltung der Schicksalsergebenheit hinzu. Um die Undurchdringlichkeit des Schicksals kreist die «Philosophie» des Romans. Zu ihr wird gleich noch etwas zu sagen sein. Nachdem wir von der orientalischen Färbung gesprochen haben, muß jedoch betont werden, daß sie gewiß nicht alles in dem Werkchen deckt: durch die Färbung hindurch schimmert nämlich der Okzident. Babylon ist zugleich auch Paris, der Hof Moabdars ist zugleich auch der von Versailles. Die Skala der ironischen Durchbrechungen reicht dabei von harmlos scheinenden kleinen Unstimmigkeiten wie denen, daß die Perser Venus anbeten oder daß Sibirien eine chaldäische Provinz genannt wird, über das – für eine Perserin vermutlich doch ziemlich untypische – Hündchen, das Zadig im zweiten Kapitel als ein Spaniel-Weibchen identifiziert, bis zu den blauen Pantoffeln und gelben Bändern der Königin, die ohne Zweifel französischen Romanen entstammen und bis zu den naturwissenschaftlichen Interessen Zadigs, die nicht nur «französisch», sondern aufklärerisch genannt werden können. Gewisse Figuren in dem Roman sind höchstwahrscheinlich Schlüsselfiguren, so Yébor, der «fanatique imbécile», hinter dem sich einer der vielen Feinde Voltaires namens Boyer verbirgt; ob Orcan den Herzog von Rohan darstellen soll, wie vermutet wurde, könnte bezweifelt werden: das Anagramm ist nicht ganz stimmig und andere Figuren heißen ähnlich. Immerhin mag auch das noch eine Verschlüsselung sein – aber weiter sollte man mit dem Versuch, die Originale hinter den Romanfiguren aufzuspüren, nicht gehen. Hofsatire ist doch nur eines der Themen des Romans, und diese Satire ist mehr allgemein gehalten als speziell auf Versailles gemünzt. Das Verhältnis des Autors zum orientalischen Märchen ist somit distanzierter als es auf den ersten Blick erscheint. Aber es ist nicht nur das eines verkappten Satirikers. Von der Widmungsepistel sprachen wir schon: darin wird die Sultanin Sheraa – in der die Zeitgenossen Madame de Pompadour zu erblicken meinten – als «Zauber der Augäpfel, Marter der Herzen, Licht des Geistes» angesprochen, was unschwer als eine Kostprobe des orientalischen Stils zu erkennen ist. Aber der blumige Stil dieses Anfangs verwandelt sich schon in der zweiten Zeile in einen ausgesprochen argumentierenden Ton: er küsse nicht den Staub ihrer Füße, erklärt der Schreibende, weil diese Füße entweder überhaupt nicht zum Gehen benutzt würden, oder wenn, dann nur auf Perserteppichen oder Rosen schritten, also nicht staubig sein können. Das wird zwar nicht gesagt, ist aber impliziert: und diese auf Beobachtung beruhende, unabweisbar logische Aussage ist ein so starker Kontrast zum Satzbeginn, daß die Parodie unschwer zu erkennen ist. Zur Praxis kommt später die Theorie. Zadig hat als Minister des Königs Moabdar eine Rede gehalten. Was er sagte, war klug und gerecht. Aber die Höflinge vermißten die rhetorischen Figuren darin: die tanzenden Hügel und Berge, das flüchtende Meer, die fallenden Sterne und die Sonne, die dahinschmilzt wie Wachs. Als er nach langem Irren endlich seine geliebte Astarte wiederfindet, ist sie Sklavin und muß für ihren Herrn, der an Fettleibigkeit leidet, einen «Basilisken» suchen. In Rosenwasser gekochte Basilisken, haben die Ärzte erklärt, sollen die beste Arznei gegen Fettleibigkeit sein. Zadig weiß eine noch bessere. Er läßt den dicken Sklavenhalter Fußball spielen.

Zadig ist also nicht nur ein parodistisch getönter Märchen-Roman, sondern eben auch ein «roman philosophique». Seine Lehre läuft nicht nur deshalb darauf hinaus, sich dem Lauf der Dinge vertrauensvoll zu ergeben, weil das der orientalischen Weisheit entspricht, sondern auch, weil nach der Aufklärungsphilosophie alles Übel am Ende dem Guten dient. Der Mensch kann die Fügungen des Himmels zwar nicht durchschauen, aber er darf auf die Gerechtigkeit Gottes vertrauen. Dies ist, in groben Zügen, die Lehre von Popes *Essay on Man*, die Voltaire zur Zeit der Abfassung des *Zadig* zu der seinen gemacht hat. Im *Zadig* scheint der Zufall zu herrschen – immer wieder tut der «Held» Gutes, und immer wieder schlägt das Schicksal scheinbar blindlings zu, als wollte es strafen statt belohnen – am Ende aber fügt sich doch alles zum Besten. Würde die Geschehnisfolge des Romans es nicht schon deutlich machen, so exemplifizierte es die Begegnung mit dem Engel Jesrad im letzten Kapitel überdeutlich: Hinter den scheinbaren Absurditäten des Lebens verbirgt sich doch ein Sinn. Die «Moral» des *Zadig* klingt daher – um es vorsichtig auszudrücken – optimistisch.

Das zeigt die Geschichte der schönen Witwe Almona, die sich dem Brauch gemäß verbrennen lassen wollte, von Zadig aber gerettet wurde – und die dann wiederum ihm das Leben rettet. Um die Richter zu verführen, die als einzige das Todesurteil aufheben können , zeigt Almona – alles in bester moralischer Absicht – «le sein le plus charmant que la nature eut jamais formé». Eine Rosenknospe auf Elfenbein hätte sich daneben ausgemacht wie «Krapprot auf Buchsbaum» und frischgewachsene Lämmer wirkten bräunlich im Vergleich zur Weiße dieses Busens. Das mag noch «style oriental» sein, doch in einer Metaphorik wie dieser ist das Hohelied Salomos durchaus mitzuhören: so heißt es zum Preise von Almonas Schönheit: «... ihre Nase war nicht wie der Turm auf dem Libanon ...». Freilich, daß hier nicht der Hals (Hohelied, 4,4), sondern die Nase mit dem Turm verglichen wird, sowie natürlich die negierte Form des Vergleichs, gibt der Stelle die obligate parodistische Note. In unserem Zusammenhang kommt es aber vor allem auf die Feststellung an, daß biblische Reminiszenzen nicht nur vereinzelt den Stil des *Zadig* bestimmen. Der Aufbau des Ganzen erinnert an die Bibel. Man hat die Vielzahl der Episoden in diesem Roman – es sind über dreißig – nicht immer für gut befunden. Besieht man sie sich jedoch näher, so ist ihre Ähnlichkeit mit biblischen Gleichnissen geradezu frappierend. Von daher gesehen paßt auch die letzte Episode, die Begegnung mit dem Engel Jesrad, zum Tenor des Ganzen.

3. *Candide*

Candide hat den Untertitel «de l'optimisme». Das kennzeichnet auch diesen Text als einen «philosophischen Roman» – und das sogar in einem weiteren, nicht nur aufklärerischen Sinne. Man könnte auch von einem «theologischen Roman» sprechen: das Problem, um das er kreist, ist das der «Theodizee», also die Frage, wie sich das Übel der Welt mit Gottes Gerechtigkeit vereinbaren läßt. Denn es ist doch evident, daß es übel zugeht in dieser Welt, die Leibniz, wie Voltaire im *Candide* nicht müde wird zu wiederholen, «die beste aller möglichen» genannt hat. Voltaire zitiert das zwar in der Formulierung des deutschen Philosophen, den er während seines Aufenthaltes in Cirey etwas besser kennengelernt hat (wenn auch nicht so gut wie Newton), aber meistens gebraucht er vereinfachend die Formel, die er Popes *Essay on man* entnommen hat, daß alles in der Natur gut sei: «que tout est bon dans la nature» (in Wahrheit hatte Pope geschrieben «whatever is, is right»!). Auf die Nuancen kam es dem großen Vereinfacher Voltaire nicht an. Er hatte bei seinen naturwissenschaftlichen Studien mit Newton erkannt, daß es Gesetze gibt, die Gott dem Lauf der Dinge auf den Weg gegeben hat, und diese waren gut. Von der christlichen Lehre der Erbsünde war Voltaire längst abgerückt. So etwas wie eine optimistische Stimmung muß ihn noch in Lothringen erfüllt haben, wo er auch die glücklichsten Jahre seines Lebens als Mann und Schriftsteller zugebracht hatte. Dann folgte in Potsdam der Schock, daß mit dem großen Friedrich nicht zu leben war, ohne ihn aber auch nicht. Als Flüchtling betrat Voltaire wieder französischen Boden und hoffte eine Zeitlang, seine Verbannung würde aufgehoben. Der König selbst soll aber dagegen votiert haben, denn er kannte seinen «Pappenheimer». Noch voll der schrecklichen Erinnerungen an die Frankfurter Haft eilte Voltaire in die Schweiz und kaufte sich am Stadtrand von Genf das Haus, das er «Les délices» nannte. Vorsichtshalber, das haben wir gesehen, sah er sich alsbald nach anderen «Schlupflöchern» um, denn die Genfer Stadtbehörde, das wußte Voltaire, war ihm nicht grün: Was wollte der Epikuräer und Deist in der Stadt Calvins? So erwarb Voltaire denn auf französischem Territorium gleich zwei Landgüter. Er fand sich in die Rolle des Gutsherrn und beschäftigte sich, mit Candide zu sprechen, damit, «seinen Garten zu bestellen». Die bekannte Schlußpassage des *Candide* kehrt öfters in Voltaires Korrespondenz wieder, stets bezogen auf ihn selbst. Da darf man tatsächlich vom Menschen auf sein Werk schließen.

Im Herbst 1758 hat Voltaire Ferney erworben – und ging gleich an die Arbeit des Restaurierens, Pflanzens und Meliorierens. Von seinem letzten Deutschlandaufenthalt, in Schwetzingen, war er mit einem kaum begonnenen neuen Roman, der der *Candide* werden sollte, zurückgekehrt; der Besuch einer guten Bekannten aus Berlin, der Gräfin Bentinck, lenkte ihn eine Weile angenehm ab – er plante, sie an die Stelle seiner Nichte treten und den Haushalt in Ferney führen zu lassen, woraus aber nichts wurde. Die Dame stammte aus Westfalen. René Pomeau meint, sie sei das Urbild für Kunigunde, die Geliebte Candides, gewesen. Das mag so sein oder auch nicht. Mehr Züge, als diesen einen der Verliebtheit, hat der Romanheld nicht mit seinem Schöpfer gemein – denn Candide ist einfältig und starrsinnig, zudem ein unkritischer Bewunderer der Gelehrsamkeit seines Hauslehrers Pangloß, und er ist noch jung an Jahren: all das spricht gegen eine Gleichsetzung des Westfalenjunkers mit Voltaire, der selbst inzwischen vierundsechzig Jahre alt war. Soviel zum Persönlichen und Privaten, das man grosso modo mit der

Entstehung des *Candide* in Verbindung bringen kann. Wichtiger war das öffentliche Geschehen, waren die Zeitereignisse. Nach einer erstaunlich langen Friedenszeit brach Friedrich der Große 1756 den Krieg um Schlesien vom Zaum, der sieben Jahre dauern und sehr blutig verlaufen sollte. Die Franzosen waren Feinde Preußens geworden und mußten bei Roßbach eine ihrer schlimmsten Niederlagen erleiden. Nicht daß Voltaire darunter besonders gelitten hätte, so vaterländisch dachte er nicht, aber die Kriegswirren selbst, das militärische Getue und das Sterben der vielen jungen Leute «auf dem Felde der Ehre» setzten ihm zu. Man weiß ja, wie sich Voltaires Antimilitarismus und Pazifismus in den ersten Kapiteln des *Candide* manifestiert. Kurz vor dem neuerlichen Kriegsausbruch hatte in Portugal die Erde gebebt: das «Erdbeben von Lissabon» vom 1. November 1755 erschütterte die Gemüter. Wie konnte Gott, wenn er doch allwissend und allmächtig war, wie konnte ein gerechter Gott zulassen, daß Tausende Unschuldiger von den Trümmern der zusammenbrechenden Stadt erschlagen wurden? Daß das Erdbeben auch Voltaire erschüttert hat, ist keine bloße Vermutung: nach seinem *Poème sur le désastre de Lisbonne* von 1756 stößt man im *Candide* wieder darauf. Die Antwort, die Voltaire in seinem Gedicht suchte, lautete: wie Gott das Unglück geschehen lassen konnte, weiß man nicht. Voltaire ist in eine Phase des Zweifelns, eine «Krise des Optimismus» geraten. Das erklärt die Thematik seines Romans, den in der Zeitgeschichte zu situieren nicht abwegig ist. Voltaire soll ihn in einer schöpferischen Besessenheit innerhalb von drei Tagen niedergeschrieben haben. De facto diktierte er ihn wenigstens teilweise. (Pomeau berichtet darüber im dritten Band seiner Voltaire-Biographie *De la Cour au jardin*). Die Druckfassung herzustellen kostete dann einige Zeit, so daß erst im Februar 1759 die ersten Exemplare aus Genf in Paris eintrafen. Das Buch wurde natürlich sofort verboten, aber unter der Hand verkauft. Es war ein kolossaler Erfolg, einer der größten Bucherfolge nicht nur Voltaires, sondern des achtzehnten Jahrhunderts überhaupt. 1759 wurden 20 000 Exemplare abgesetzt und nicht weniger als siebzehn Neudrucke veranstaltet. Natürlich leugnete Voltaire wieder seine Verfasserschaft, aber ebenso natürlich wissen all seine Freunde und Bewunderer, wer der Verfasser ist, empfehlen das Buch weiter und lassen es von Hand zu Hand gehen. Friedrich liest, heißt es, den *Candide* siebenmal, im Felde zwischen einer Schlacht und der nächsten. *Candide* scheint sich wie ein Tonikum, ein Stärkungsmittel auf ihn auszuwirken.

Da ist also der erfolgreichste aller «philosophischen Romane» Voltaires heraus. Pomeau meint, man könne die Qualität nicht erklären und müsse sich damit begnügen, sie zu konstatieren. Man kann da auch anderer Meinung sein. In meinem Buch *Von Rabelais bis Voltaire* habe ich *Candide* einen «Experimentalroman» genannt – das mache bis zu einem gewissen Grade verständlich, wie er so viel besser gelingen konnte als die anderen Romane. Die Theorie von dieser Welt als der «besten aller möglichen», die These des Optimismus also, wird ja in diesem Erzählwerk nicht argumentativ widerlegt, sondern durch die Konfrontation des Helden mit einer alles andere als schönen Wirklichkeit. Zwar ist diese auch der Phantasie seines Schöpfers entsprungen, aber die Analogie zum naturwissenschaftlichen Experiment springt doch ins Auge. «Man nehme eine Theorie, setze sie probeweise der Wirklichkeit aus – und sehe zu, was dabei herauskommt!» So könnte man das Erfolgsrezept Voltaires beschreiben. Es leuchtet ein, daß es mehr taugt, als Meinung gegen Meinung zu setzen und sie zu Sprechblasen der Romanfiguren zu machen. Voltaire hat diese Art der expliziten Widerlegung vor allem christlicher Vorstellungen sonst durchaus verwendet, sie macht Romane wie die *Lettres d'Amabed* oder die *Princesse de Babylone* zu Werken einer regelrechten «Tendenzliteratur». Die Verwendung der naturwissenschaftlichen, experimentellen Methode stellte hingegen ein literarisches Novum dar, dem viel später und etwas anders gewendet der «roman experimental» von Emile Zola nachfolgen wird.

Den Inhalt des *Candide* im einzelnen zu referieren erübrigt sich gewiß. Erinnert sei nur an die Herkunft des «Helden» aus Westfalen, das Voltaire für denkbar rückschrittlich hielt. Schlösser wie das des Barons von Thunder-ten-trunck, das sogar Fenster und Türen hat, gibt es nur noch in dieser urdeutschen Region, der «Germania horrida et frigida», von der einst Tacitus sprach. *Candide* ist der uneheliche Sohn einer Schwester des Barons, und er liebt dessen Tochter Kunigunde, was, als der Schloßherr es erfährt, dazu führt, daß er mit freiherrlichen Fußtritten in den Hintern aus dem Paradies seiner Kindheit vertrieben wird. Er kommt zu den Soldaten und da er die richtige Größe hat, wird er von den Häschern des Preußenkönigs angeworben. Er muß exerzieren lernen, Spießruten laufen und soll schließlich mit den «Bulgaren», das sind die Preußen, gegen die «Abaren», das sind deren Feinde, kämpfen, macht sich aber aus dem Staube, kommt nach Holland, wird von einer Frömmlerin vom Fenster aus mit dem Inhalt eines Nachttopfs übergossen, flüchtet sich weiter nach Lissabon, wo die Leichen herumliegen und das Schiff gleich im Hafen schon versinkt. Aber *Candide* kann sich retten, entgeht auch dem Autodafé, dem sein Lehrer Pangloß, so scheint es, erliegt, trifft vorübergehend, oh Wunder, auf Kunigunde, die ihre Gunst einem reichen Juden und einem Inquisitor zugleich («fifty-fifty») verkauft. Er erschlägt die Herren und muß weiter fliehen. Zu Schiff gelangt er nach Südamerika (die Überfahrt verkürzt ihm die Erzählung einer alten Frau, die Schrecken über Schrecken erlebt und überstanden hat). Kunigunde wird gleich nach der Ankunft in der La Plata-Mündung vom Gouverneur der Stadt Buenos Aires beansprucht, der auf den schönen Namen Don Fernando d'Ibaraa y Figueroa y Mascarenes y Lampourdos y Souza hört. Candide findet in Cacambo, einem Halbblut, einen ortskundigen Führer, der ihn auf seinem Weg nach Paraguay begleiten wird. Dort trifft er auf seinen Bruder, der zum Jesuitengeneral avanciert ist, denn er war immer schon ein hübscher Junge und gefiel den Oberen des Ordens. So wird man bei den Jesuiten Offizier. Doch als er erfährt, daß Candide, dieser Bastard, die reinrassige Kunigunde heiraten will, kommt es zum Streit, und Candide ersticht seinen Bruder. Man muß wieder fliehen, begegnet den menschenfressenden Ohrlappen-Indianern, die schon den Kessel zum Kochen gebracht haben, in dem Candide und Cacambo weichgekocht werden sollen. Sie tanzen um ihr Lagerfeuer und freuen sich auf das Mal: «Mangeons du jésuite!» rufen sie aus – «Es gibt Jesuit»! – und das ist einer der berühmt gewordenen Slogans aus dem *Candide*. Gottseidank kann Cacambo die Eingeborenensprache und den «Oreillons» erklären, sie seien gar keine Jesuiten, sondern, im Gegenteil, deren Feinde. Hochgeehrt ziehen die beiden weiter. Ist es hier, oder geschah es vorher, daß sie mitansehen müssen, wie zwei Orang-Utans hinter zwei Mädchen herlaufen und sie vergewaltigen wollen? Jedenfalls schießt Candide, der bei den Preußen gut zielen gelernt hat, die Affen tot – und ist erstaunt zu erfahren, wie die beiden jungen Damen sich daraufhin schluchzend über ihre erschossenen Liebhaber beugen. Cacambo erschüttert das nicht. Auch nicht die Erfahrung des glücklichen, friedlichen, priester- und besitzlosen «Eldorado», die die beiden anschließend machen. Das Goldland liegt bekanntlich im Nordosten von Südamerika. Aber Candide hält es dort nicht lange aus, weil Kunigunde nicht anwesend ist. Man macht sich wieder auf die Reise, kommt nach Guyana und erblickt dort einen Sklaven, der verstümmelt am Boden liegt. Er hat die Hände in die Zuckermühle gebracht, sie wurden ihm abgehackt, und er hat nur noch ein Bein, weil er in den Urwald geflüchtet war – so gehen die Christenmenschen mit ihren Brüdern um. Diesmal war ein holländischer Kaufmann, Mijnheer Vanderdendur, der Schuft. Man kauft ihm ein Schiff ab (Candide ist reich, denn er hat ein Paar Hämmel mit goldenem Vlies von Eldorado mitbekommen), fährt nach Frankreich, gelangt nach Paris, wo Candide in die Fänge einer Dirne gerät, die ihm als Kunigunde verkauft wird (er sieht nur ihre Extremitäten, die aus dem Bettvorhang hervorlugen). Dann kommt man, um Gibraltar herumfahrend nach Venedig, wo gerade Karneval ist und lauter abgedankte Könige sich an Candides Tafel einfinden. Nach einem Besuch in der Brenta bei dem abgebrühten Signor Pococurante, der seine Bibliothek zeigt, aber alle Bücher verachtet, ist man schon auf dem Weg zur Endstation des Romans, dem Hellespont. Der erstochene Bruder taucht wieder auf – Candides Degen war zur Brust hinein und zum Rücken wieder heraus gedrungen, ohne den Baron zu töten –, auch Pangloß stellt sich ein: er mußte auf derselben Galeere rudern wie der Exjesuit, und schließlich begegnet Candide seiner heißgeliebten Kunigunde, die schrundig und häßlich geworden ist und Wäsche am Ufer des

Bosporus aufhängt. Er kauft sie los, heiratet sie, wie es sich für einen Romanhelden gehört, und ersteht eine Meierei, wo sich all die Personen des Romans (außer dem adelsstolzen Bruder, der zu den Jesuiten zurückgeschickt wird) einfinden. Man baut Gemüse an, das Cacambo in Konstantinopel verkauft, und lernt, von weisen Muftis beraten, sich die Langeweile zu vertreiben, indem man seinen Garten bebaut, was Candide mit der berühmtesten aller Schlußformeln bestätigt: «Il faut cultiver notre jardin!» «Notre jardin», wohlgemerkt: es geht um eine Gemeinschaftsarbeit mit verteilten Rollen. Kunigunde wurde eine ausgezeichnete Pastetenbäckerin, heißt es, die Alte (von der Schiffspassage nach Übersee) kümmert sich um die Wäsche, Bruder Giroflée, den wir zu erwähnen vergaßen, wird Schreiner, und Pangloß bleibt der, der er ist: ein eitler Schwätzer. Candide ist sich immer noch im unklaren, wie gut oder nicht-gut diese «beste aller möglichen Welten» ist, aber das ist ihm gleich, die Gartenarbeit lenkt ihn ab. Die Welträtsel bleiben also, wie wir es von Voltaires Gedicht auf das Erdbeben von Lissabon schon wissen, ungelöst. Aber man kann sich nützlich machen, indem man Kohl pflanzt, man kann nicht nur, sondern sollte auch praktisch tätig sein, denn die Metaphysik dient zu nichts. Die Gartenformel des Romans ist nicht so sehr ein Ausdruck der Resignation und des Erkenntnisverzichts, als vielmehr eine Aufforderung zum Tätigsein. Ist es übertrieben, dabei an den Schluß von Goethes Faust zu denken, dem es am Herzen lag, dem Meer Land abzugewinnen, doch sicher auch, um es zu «bebauen»?

Die Bibel, die Voltaire nie vergißt, hat bei diesem Roman insofern Pate gestanden, als die Handlung, wie es nicht zufällig heißt, im Paradies beginnt, der Held des Romans daraus vertrieben wird, aber schließlich wieder dort landet, um es zu beackern: «ut operaretur eum», wie der bibelfeste Pangloß erklärt. Ansonsten hat, wie ersichtlich, nicht nur der Reise- und Abenteuerroman dabei zum Vorbild gedient und ist nach Kräften parodiert worden, es handelte sich doch auch um einen «philosophischen Roman», insofern alles Geschehen, alle Spannung und aller Lesespaß von der Absicht gelenkt wird, eine philosophische Lehrmeinung zu widerlegen.

4. Der Offenherzige

Zu den bekannten, aus gutem Grund immer wieder herausgegebenen «philosophischen Romanen» zählt *L'ingénu* von 1767. Wie bei *Zadig* und *Candide* figuriert der Name des «Helden» auch hier als Titel. Er ist verschieden übersetzt worden, von Ilse Lehmann (bei Insel) mit «Das Naturkind», von Walter Widmer (im Winkler Verlag) mit «Der ehrliche Hurone», von Peter Brockmeier (bei Reclam) mit «Der Freimütige». Das Wort «ingénu» bedeutet «unverstellt», «naiv» oder «unbefangen». Es kennzeichnet die Spontaneität und das Ungestüm des jungen Mannes, der im Mittelpunkt des turbulenten Geschehens dieser Erzählung steht, denn er ist ein «edler Wilder», will sagen, jemand, der frisch, fromm, fröhlich drauflos lebt und von den Umständlichkeiten der französischen «politesse» nichts hält, denn er ist von Indianern im fernen Kanada erzogen worden. Von Geburt aber ist er, so wollte es Voltaire, gar kein Indianer, sondern das Kind eines bretonischen Ehepaars, das nach Kanada ausgewandert war, aber schon nicht mehr lebte, als das Kind noch klein war. Zum Jüngling herangewachsen, hat der gebürtige Bretone und Wahl-Hurone sich auf Reisen gemacht und ist über England nach Frankreich gelangt. Er landet eines Tages an der bretonischen Küste, wird von dem Prior des «Klosters zum Berge» und seiner gutmütigen Nichte, Mlle de Kerkabon, gastlich aufgenommen und gleich getauft, als seine wahre Abstammung herauskommt. Er verliebt sich in Mlle de Saint-Yves, auf die leider der Neffe des Dorfschultheißen schon ein Auge geworfen hat. In der Manier der «edlen Wilden» will Hercule de Kerkabon, wie unser «Offenherziger» nach seiner Taufe heißt, die Liebe gleich vollziehen und stürmt eines frühen Morgens zu Fräulein Saint-Yves ins Schlafzimmer. Doch die ist wohlerzogen und ziert sich. So kommt es zur Trennung der Liebenden (denn auch die Saint-Yves liebt nicht etwa den Neffen des «Bailli», sondern unseren edlen Wilden). Sie muß in ein Kloster, und der junge Mann meint, er müsse den französischen König aufsuchen um seine Schöne wieder zu erlangen. Auf Umwegen begibt er sich nach Versailles, landet aber, statt vor dem Thron des Königs, im Gefängnis (aus welchen Gründen auch immer). Dort geht er in sich, rückt von seinem Ungestüm ab und bildet sich im Gespräch mit dem weisen Geistlichen Gordon, der dem «Offenherzigen» zivilisierte Manieren und allerhand kluge Einsichten beibringt. Die schöne Saint-Yves aber hat sich ebenfalls aufgemacht, begibt sich auch nach Versailles, fragt einen Jesuiten, den Pater «Tout-à-tous», was sie tun soll, um den «Offenherzigen» zu befreien – und dieser rät ihr, sich zu dem einflußreichen Minister Saint-Pouange zu begeben, was die junge Dame dann auch tut. Der verlangt jedoch mehr von ihr, als sie eigentlich zu geben bereit ist, nämlich ihre Jungfernschaft. Er schläft mit ihr; verzweifelt über das Geschehene nimmt Mlle de Saint-Yves den Entlassungsschein für ihren Herkules entgegen und befreit ihn tatsächlich aus dem Gefängnis – ohne zu verraten, wie sie das erreicht hat. Dann stirbt sie an gebrochenem Herzen; der «Offenherzige» wird französischer Offizier, kehrt aber nicht in die kanadischen Wälder zurück.

Wird die erste Hälfte des Romans in der humorigen, bissigen und spritzigen Manier Voltaires erzählt, so wandelt sich das Klima gegen Ende. Die Geschichte wird rührselig. Das war ein Zugeständnis an die Mode der Empfindsamkeit, daher ist *L'ingénu* nicht aus einem Guß, und zum Schluß kein echter Voltaire mehr. Er hat die Erzählung in Reaktion auf die Legende von den «edlen Wilden» so geschrieben wie wir es wiedergegeben haben. Er wollte nicht, wie Rousseau, die Menschengute des «Naturkindes» herausstellen, sondern zeigen, wie nützlich die zivilisierten Umgangsformen sind und was für ein Unsinn es ist, sie rundweg abzulehnen. *L'ingénu* ist ein Anti-Rousseau-Roman. In ihn hineingeschmuggelt hat Voltaire freilich (wie üblich) eine gehörige Dosis Religionskritik, vor allem in Gestalt von Anspielungen auf die Hugenottenverfolgung und -vertreibung. Und die Kritik am jesuitischen Beichtvater ist ebenso ungemildert wie die an der höfischen Korruption.

Der neue Roman kam fast so gut an wie die früheren, und Voltaire hat sich womöglich noch mehr Mühe gegeben, ihn entweder anderen Schriftstellern in die Schuhe zu schieben oder zu leugnen, daß er der Verfasser war. Der Text war brisant genug dazu.

5. Der weiße Stier

Bleibt noch ein Wort zu Voltaires letztem, zu Unrecht vergessenen «philosophischen Roman», *Le taureau blanc* von 1773, zu sagen. Es ist eine «biblische Erzählung». Voltaire greift darin die im vierten und fünften Buch Daniel erzählte Geschichte von Nebukadnezar auf, der für sieben Jahre in ein grasfressendes Tier, einen Stier oder Ochsen, verwandelt wurde und zur Strafe für seinen Hochmut «sich vom Tau des Himmels benetzen und mit den wilden Tieren zusammenleben mußte». Ihm wurde ein tierisches Herz eingegeben, heißt es in 4,13 des Buches Daniel. Voltaire erfindet eine Prinzessin namens Amaside, die sich in Nebukadnezar verliebt, der nun leider ein Stier geworden ist, wenn auch ein wunderschöner und einer, der Menschenstimmen verstehen, aber nicht selber sprechen kann. Amasis, der Vater der Amaside, ist Nebukadnezars Todfeind. Er hat erklärt, er werde seine Tochter umbringen, wenn sie auch nur den Namen Nebukadnezar ausspräche. Das tut sie denn auch nicht, obwohl sie sich silbenweise an den Namen heranpirscht, zuerst ein zögerliches «Ne...» ausspricht, dann «Nebu...» sagt und so weiter. Einer der Weisen des alten Ägypten, Mambres, der schon gegen Moses disputiert hatte und ungefähr 1300 Jahre alt war, ist der Berater des Amasis, hält aber zu Amaside und begleitet sie auf ihrer Suche nach dem Geliebten, als der sich der «weiße Stier» entpuppt, nachdem die sieben Jahre verstrichen sind. Es ist eine zauberhafte, phantastische Geschichte, die Voltaire teils in zeremoniellem biblischen, teils in einem frech parodierenden, modernen Stil erzählt. Da eine Verwandlung darin motivbildend ist, lehnt er sich zudem an Ovids *Metamorphosen* an. Diese heidnische Dichtung der «Heiligen Schrift» gleichzusetzen, war ein Sakrileg. Voltaire hat vorsichtshalber behauptet, seine Erzählung sei aus dem Syrischen übersetzt. Er nennt einmal den gelehrten Benediktiner Dom Calmet, dessen Bibelkommentar er weidlich ausgeschöpft hat, als Übersetzer, ein andermal den «Dolmetscher des englischen Königs», Mamaki. Erschienen ist die erfrischende Erzählung des Achtzigjährigen in Grimms *Correspondance littéraire*. Die unterlag, da sie handschriftlich verbreitet wurde, nicht der Zensur. Pomeau meint, *Le taureau blanc* sei ein «Lausbubenstreich» des alten Voltaire und analysiert im Kommentar zu seiner kritischen Ausgabe die angewendeten Stilmittel. Im Blick auf die zahllosen gelehrten, meist theologischen Werke, die Pomeau auflistet, meint der französische Gelehrte, Voltaire «jongliere mit Folianten». Der Roman steht um nichts zurück hinter den großen Erzählungen.

Zwölftes Kapitel

Die «Affaire Calas», andere «Affairen» und Voltaires Engagement für die Toleranz

Am Abend des 13. Oktober 1761 fanden die Eltern des Marc-Antoine Calas ihren dreiundzwanzigjährigen Sohn im Erdgeschoß ihres Hauses erhängt. Der Vater, der in Toulouse ein Textiliengeschäft betrieb, behauptete, ein Fremder sei in den Laden eingedrungen und habe seinen Sohn umgebracht. Doch das war «ein Akt väterlicher Pietät», schrieb Voltaire, als er sich über den Vorgang informiert hatte: Marc-Antoine neigte zu Depressionen, und er litt offenbar an Frustrationsgefühlen, weil ihm als Hugenotten nicht erlaubt worden war, sein Wunschfach Jura zu studieren. So nahm er sich das Leben. Vater Calas wußte das, aber er hoffte, mit seiner Notlüge sich und den Seinen die Gräßlichkeiten zu ersparen, denen damals Selbstmörder ausgesetzt waren. Ihr Leichnam wurde an den Fersen gefesselt und nackt durch die Straßen geschleift, um anschließend aufgehängt zu werden. Doch als die Justiz sich des Falles angenommen hatte, hat Jean Calas den Suizid seines Sohnes eingestanden.

Die katholischen Richter glaubten ihm das um so weniger, als sich in der Stadtbevölkerung schon das Gerücht verbreitet hatte, die Eltern hätten ihren Sohn umgebracht, weil er zum Katholizismus konvertieren wollte; so etwas sei typisch für die Hugenotten. Zeugen, die behaupteten, Marc-Antoine habe katholisch werden wollen, fanden sich mehr als genug – und so nahm denn die schreckliche Prozedur, die das französische Recht in solchen Fällen vorschrieb, ihren Lauf. Jean Calas wurde gefoltert, aufs Rad geflochten und schließlich bei lebendigem Leibe auf dem Scheiterhaufen verbrannt. Er hatte bis zum letzten Atemzug seine Unschuld beteuert. Die Mutter und die Brüder Marc-Antoines wurden des Landes verwiesen, das Vermögen der Familie wurde konfisziert.

Wie Voltaire von der Sache erfuhr und wie er mit großer Mühe und Zähigkeit die Wahrheit herausfand, was nicht einfach war, weil alle Gerichtsprozeduren geheimgehalten wurden, muß hier nicht dargelegt werden, es genügt, daran zu erinnern, wie er, zutiefst erschüttert, zunächst auch an einen Mordfall dachte, dann aber allmählich Licht in die verdunkelte Affäre brachte, seine einflußreichen Freunde in Paris und anderswo mobilisierte und nicht aufhörte, ein Memorandum, einen Brief und eine Eingabe nach der anderen zu verfassen, bis schließlich wenigstens die verbannte Familie nach Frankreich zurückkehren konnte, der Justizskandal aufgeklärt und Jean Calas postum rehabilitiert wurde. Das Letztere geschah nach dreieinhalb Jahren im März 1765, und Voltaires größter Triumph bestand darin, daß der König selbst der Witwe Calas aus der Staatsschatulle ein Trostgeld auszahlen ließ. Der Patriarch von Ferney hatte einen Sieg über Aberglauben, Rechtsmißbrauch und Fanatismus errungen und den ersten Schritt zu einer Justizreform getan, die auf seine Initiative zurückzuführen ist. Die «Affaire Calas» aber hat den Namen des Aufklärers weit über die Schicht der Gebildeten und über die Grenzen Frankreichs hinaus bekannt, berühmt und gefürchtet gemacht.

Im Januar 1762, während Jean Calas noch im Gefängnis saß, ereignete sich in Castres, einer Kleinstadt, die ebenfalls der Gerichtsbarkeit des Parlaments von Toulouse unterstand, ein vergleichsweise ähnlicher Fall: die Tochter eines Landvermessers namens Sirven wurde in einem Teich ertrunken aufgefunden. Das Mädchen hatte hysterische Anfälle gehabt und unter Schwermut gelitten, was von den ortsansässigen Nonnen als ein Indiz für eine verweigerte Rückkehr zum wahren Glauben aufgefaßt wurde: das gleiche, weitverbreitete Vorurteil, das Jean Calas zum Verderben werden sollte, brachte auch die Familie Sirven in Verdacht. Doch ehe die Eltern verhaftet und abgeurteilt werden konnten, flohen sie in die Schweiz – und so erfuhr Voltaire auch von dieser Affäre, nahm sich der Sache an und verschaffte ihr Publizität. Wenn sie weniger Aufsehen erregt hat als der Fall Calas, schrieb er sarkastisch, so nur deswegen, weil hier niemand aufs Rad geflochten wurde. Immerhin war Vater Sirven in Toulouse *in effigie* erhängt worden.

Und dann gab es in Abbéville unweit von Amiens zwei junge Adlige, die in ihrem Übermut ein Kruzifix auf einer Brücke beschädigt und gottlose Lieder gesungen hatten. Als eine Prozession durch das Städtchen zog, gafften sie nur und nahmen ihre Hüte nicht ab. Der ältere der beiden, Gaillard d'Etallonde, machte sich aus dem Staube, als er von seiner bevorstehenden Verhaftung erfuhr; der jüngere jedoch, der neunzehnjährige Chevalier de la Barre, wurde erwischt, eingekerkert, zu öffentlicher Buße verurteilt, gefoltert und als Gotteslästerer mit dem Tode bestraft. Diesmal hatte das Pariser Parlament das Urteil bestätigt, das doch jeglicher Verhältnismäßigkeit zu dem Vergehen entbehrte. Als Friedrich der Große davon erfuhr, meinte er, es wäre angemessener gewesen, den Chevalier zu einer Lektüre der *Summa theologica* des Thomas von Aquin zu verurteilen. – Voltaire fühlte sich um so mehr betroffen, als der junge Mann angeblich sein *Dictionnaire philosophique* in der Tasche hatte, als er verhaftet wurde. So schien es offenkundig, daß der Alte von Ferney hinter der Gotteslästerung steckte. Und Voltaire floh vorübergehend von seinen französischen Besitztümern in die schweizerischen und dachte sogar daran, sich in den Schutz des Preußenkönigs zu begeben. «Seine Furcht legte sich», schreibt Peter Gay, dem ich in meinem Bericht folge, «doch seine Empörung blieb.» Als D'Alembert ihm einen ausgelassenen Brief schrieb, schrieb er zurück: «Ich kann es nicht gutheißen, daß Sie mit der Wendung ‹ich muß lachen› schließen ... Ach, mein Freund, ist dies der Moment zum Lachen? Ich umarme Sie im Zorn.» Dies ist der Voltaire, von dem Flaubert gesagt hat: «Lächelte er? Nein, er knirschte mit den Zähnen!»

Der Chevalier de la Barre wurde am 1. Juli 1766 vom Leben zum Tode befördert. Das Pariser Gericht hatte das Urteil der Richter von Abbéville nur insofern abgemildert, als dem Gotteslästerer vor seiner Hinrichtung nicht die Zunge herausgeschnitten und eine Hand abgehackt werden durfte; der junge Adlige wurde enthauptet, aber die Tortur war geblieben ...

Außer diesen drei bekannteren Fälle grausamer Justizwillkür gab es noch eine Reihe anderer, die weniger bekannt geworden sind und für deren Bereinigung sich Voltaire ebenfalls einsetzte. Da gab es den wegen Mordes angeklagten und hingerichteten Bauer Martin, dessen Unschuld sich zu spät herausstellte; da gab es den Fall des Oberkommandierenden der französischen Armee in Indien, General Lally-Tollendal, der auf eine vage Beschuldigung hin des Landesverrats bezichtigt, eingekerkert und hingerichtet wurde; da gab es den wegen angeblicher Ermordung seiner Mutter verurteilten Montbailli, dessen Unschuld sich ebenfalls postum erwies – und einige weitere Fälle der Art, für die der ohnehin mit Arbeiten aller Art überhäufte alte Mann sich einsetzte. Unentwegt nahm er sich der skandalösen Fehlurteile an, die ihn persönlich ja doch gar nichts angingen und setzte sein ganzes Ansehen dafür ein, daß sie publik gemacht wurden, wenn sie denn schon nicht mehr rückgängig gemacht werden konnten. Peter Gay hat in seinem Buch *The poet as realist* (1959) die rechtsgeschichtlichen Fakten herausgearbeitet, die für die Prozeduren verantwortlich zu machen waren, die uns heute so schauerlich vorkommen. Die juristische Grundlage dafür gab eine «Ordonnance criminelle» von 1670 ab, die Ludwigs XIV. Minister Colbert erlassen hatte und die im wesentlichen bis zur Französischen Revolution gültig blieb. Nur schrittweise konnte Voltaire gegen diese uns mittelalterlich anmutende Strafprozeßordnung angehen, und das hat er im wesentlichen auf der Basis der Reformvorschläge getan, die der Piemontese Beccaria in seinem Buch *Dei delitti e delle pene* (Über Verbrechen und Strafe) 1764 gemacht hat. Voltaire plädierte mit Beccaria für die Abschaffung der Todesstrafe und der Folter (bei der ja die körperliche Verfassung des Delinquenten darüber entschied, welche Geständnisse er machen würde); er setzte sich dafür ein, daß Strafen nicht länger aus weltanschaulichen oder Glaubensgründen verhängt, sondern vom Gesichtspunkt der sozialen Schädlichkeit bestimmt werden sollten, und er wünschte, daß das Prinzip der Verhältnismäßigkeit, an dem es die Ordonnanz Colberts so sträflich hatte fehlen lassen, in Geltung gebracht wurde. Schließlich bemühte er sich auch um eine Verbesserung der Zustände in den Gefängnissen, die er «Abortgruben der Ansteckung» nannte. Diese und einige weitere Vorschläge haben Voltaire – das sollte man nicht vergessen – zu einem der bedeutendsten Rechtsreformer der frühen Neuzeit gemacht. Das gehört zu den Begleitumständen seines Engagements für die Toleranz und sollte deswegen hier in Erinnerung gerufen werden.

Dieses Engagement betraf verständlicherweise zunächst vor allem die Religion. Wie Voltaire als Historiker unter der Erinnerung an die religiösen Wirren des 16. Jahrhunderts und an dem Blutbad der Bartholomäusnacht gelitten hat, wurde schon gesagt. Auch von der Verfolgung und Vertreibung der Hugenotten war die Rede. Je weiter Voltaire in der Geschichte des christlichen Abendlandes zurückging, desto deutlicher wurde ihm, wieviel Blutvergießen aus blindem Glaubenseifer es da gegeben hatte. Er verabscheute die Kreuzzüge und erkannte, welchen Genozid die spanischen Konquistadoren in Amerika zu verantworten hatten. Die Inquisition war erst recht ein Greuel in seinen Augen. All das führte zu der Forderung nach Toleranz in religiöser Hinsicht, die Voltaire mit anderen Aufklärern, mit Montesquieu, Diderot, aber auch Locke und später Lessing, erhob. Die Vielzahl der Sekten in England galt ihm als ein Vorbild, an das man sich in Frankreich, dem Land, das Pierre Bayle schmähend «la France toute catholique» genannt hatte, halten sollte. Es verstand sich, daß die politische Dimension der Toleranz damit zugleich angesprochen war. Voltaire zählt zu den Wegbereitern der Toleranz, die die Zarin Katharina und die Friedrich der Große verfochten, und er sollte nicht vergessen werden, wenn man der Tatsache gedenkt, daß 1948 die Toleranz von den Vereinten Nationen zu einem Grundgebot für alle Völker gemacht worden ist.

Wenn aber die Feinde der Toleranz mit Gewalt gegen sie vorgehen, was macht man dann? Voltaire hätte mit dem französischen Philosophen Comte-Sponville gesagt, da gelte es politisch geschickt zu sein, und nur im äußersten Notfall einzuschreiten, denn mit Gegengewalt riskierte man den Gedanken der Toleranz selbst zu gefährden. Man lese den Artikel «tolérance» im *Petit traité des grandes vertus* des genannten Philosophen (1995). Aber das Recht, schreibt Popper, notfalls staatlicherseits gegen die Intoleranz vorzugehen, muß bestehen bleiben. Er nennt das das «Paradox der Toleranz». Voltaire dachte genauso. Denn er hat die theoretischen Probleme der «Duldsamkeit» genauso durchdacht, wie er sich ihrer in praxi annahm. Auch das philosophische Toleranzgebot war ihm geläufig. Es geht auf John Lockes *Epistula de tolerantia* zurück, derzufolge es nur eine schrittweise Annäherung an die Wahrheit gibt. Solch ein approximatives Verhältnis zur Wahrheit setzt voraus, daß man andere Meinungen nicht gleich verwirft, sondern erst einmal zur Kenntnis nimmt und überprüft. Vielleicht können sie den eigenen Standpunkt bereichern? Skepsis ist also eine der geistigen Voraussetzungen für tolerantes Verhalten im Geistigen wie im Religiösen. Der Offenbarungsglaube steht dem entgegen. Voltaire hielt davon nichts. Toleranz ergibt sich aus der Einsicht in die Beschränktheit des menschlichen Urteilsvermögens, es ist eine Forderung der Demut – und insofern mit der christlichen Lehre vereinbar. (In anderer Hinsicht nicht.) Und, dies vor allem, es ist eine soziale Tugend, nicht unbedingt ein ethisches Prinzip. Denn da könnte man ja sagen, wenn einer glaubt, im Besitze der Wahrheit zu sein, steht es ihm auch zu, ja, dient er den Menschen, wenn er diese auch anderen mitteilt, notfalls mit Zwang (zu deren Besten). So aber dachte der Praktiker Voltaire nicht. Er schreibt, das «Allgemeininteresse der Menschheit verlangt Meinungs-, Gewissens- und Religionsfreiheit, weil dies das einzige Mittel ist, unter den Menschen wahre Brüderlichkeit herzustellen»: So wörtlich im Vorspann zum *Traité sur la tolérance*, geschrieben 1763 aus Anlaß der «Affaire Calas».

Brüderlichkeit und Frieden gibt es nur dort, wo Toleranz herrscht. Schließlich müßte jedermann einsehen, daß, wie sie selbst, so auch andere auf ihrer Meinung bestehen. Man muß jedoch Abstriche machen, muß offenbleiben für Gegenmeinungen, um einander nicht die Köpfe blutig zu schlagen. «Die Freiheit des Meinens und Glaubens ist das sicherste Mittel, den Menschen zu der ihnen von der Natur gegebenen Wahrheitsfindung zu verhelfen»: Das wußte Voltaire so gut wie Locke. Auch das steht in dem genannten *Traité*.

Es ist der umfassendste und gründlichste Text zur Toleranzfrage, den Voltaire geschrieben hat. Aber man findet – wir sahen es – die Notwendigkeit der Toleranz schon in den *Lettres philosophiques* von 1734 hervorgehoben. Da diente, wie später öfters, die Londoner Börse dem «kapitalistisch» denkenden Voltaire als Stütze. Es ist nicht falsch, wenn auch nicht ausreichend, mit Karl Marx zu sagen, die Toleranz sei aus dem Geiste des Kapitalismus geboren. Handelsinteressen spielen dabei jedenfalls eine große Rolle. Und Voltaire war der letzte, der das geleugnet hätte. Insofern mag man, wenn man will, das Aufkommen des Toleranzgedankens eine Begleiterscheinung des aufstrebenden Bürgertums nennen, nicht eine solche des Feudalismus. Bürgerliche wollten Handel treiben und reich werden, Adlige waren dazu da, Schlachten zu schlagen. Da der Adel in England selbst Handel trieb (im Gegensatz zu Frankreich), ist denn auch England der Ursprungsort der Toleranzidee gewesen. Auch das bezeugt Voltaire. Übrigens hat er später in einer erweiterten Ausgabe seiner *Lettres philosophiques* einen ganzen Brief über das Thema geschrieben. Er figuriert in späteren Ausgaben als Nummer 19 und war «De la tolérance» überschrieben.

Schließlich beschäftigte die Frage nach der Toleranz den Historiker auch in der Weise, daß er ebensosehr erpicht darauf war, Beispiele dafür wie dagegen zu finden. Schon die alten Römer, behauptete Voltaire, seien tolerant gewesen. Beweis: ihre Vielgötterei und ihre Bereitschaft, immer wieder neue, fremde Götter in den Olymp aufzunehmen. Selbst Atheisten gab es im alten Rom schon (etwa Lukrez), und man konnte dort laut verkünden: «Post mortem nihil est, ipsaque mors nihil – nach dem Tod ist nichts und der Tod selbst ist nichts.» Und merkwürdig ist, daß Voltaire überzeugt war, bei den alten Hebräern sei man auch tolerant gewesen. Er streitet sich über diesen Punkt mit D'Alembert, der das nicht glaubte, bleibt aber bei seiner Meinung. Herrscher wie Konstantin der Große oder wie der Merowinger Chlodwig hingegen tadelt Voltaire, weil sie das Christentum als Staatsreligion einführten, der eine im römischen Reich, der andere in Frankreich. (Jakob Burckhardt hielt die Einführung des Christentums durch Konstantin für die Folge eines «politischen Kalküls», nicht etwa eines frommen Glaubens. Voltaire hielt dieses für verfehlt, weil damit der Polytheismus der alten Römer zu Ende ging.) Und immer wieder betont Voltaire, daß Hochmut zur Intoleranz führe, Bescheidenheit zur Duldsamkeit. «Wir müssen einander gegenseitig tolerieren», schreibt er am Schluß des neunzehnten Briefes, den er den *Lettres philosophiques* hinzugefügt hat, «weil wir schwach und inkonsequent sind und der Wandelbarkeit ebenso unterliegen wie dem Irrtum.» «Würde ein Schilfrohr», schließt er, «das der Wind in den Schlamm drückt, zu einem anderen Schilfrohr, das in die Gegenrichtung hinab gefallen ist, sagen, krieche so wie ich, du elendes Stück, oder ich verklage dich, auf daß man dich ausreiße und verbrenne – Un roseau, couché par le vent dans la fange, dira-t-il au roseau voisin couché dans un sens contraire: 'rampe à ma façon, misérable, ou je présenterai requête pour qu'on t'arrache et qu'on te brûle?» Hier hat Pascals «roseau pensant», als welches der fromme Denker den Menschen bezeichnete, eine ganz andere, humane Funktion bekommen. Auch das ist Voltaire!

Hinzugefügt werden müßte nur noch, daß Voltaires Eintreten für die Toleranz weder selbstverständlich noch ungefährlich war. Es gibt kein besseres Zeugnis zum Beweise dafür, als die Streitschrift des Ex-Jesuiten Nonnotte: *Les Erreurs de Voltaire*. In dieser zweibändigen Schrift, die kurz nach dem Verbot des Ordens 1762 erschien (weswegen Voltaire Nonnotte einen «Ex-Jesuiten» nennt), wurden nicht nur die angeblichen Irrtümer des Historikers Voltaire aufgezählt und korrigiert, sondern erst recht dessen ketzerhaftes Eintreten für die Toleranz. Nonnotte erblickt im «tolerantisme» das Zentrum von Voltaires Lehre, überhaupt ein Zentrum aufklärerischen Denkens, und wehrt sich als katholischer Glaubensapologet leidenschaftlich dagegen. Für ihn gilt Toleranz als Schwäche, sie ist für ihn antichristlich und ordnungsgefährdend. Für die soziale Notwendigkeit der Toleranz hat er keinen Sinn, denn worauf es ankommt, sagt er, sei das Seelenheil, nicht das Leben der Menschen im Diesseits. Wer, wie jeder gute Katholik, im Besitze der alleinseligmachenden Wahrheit sei, sei zur Intoleranz verpflichtet: mit seiner Toleranz verstoße man gegen Gottes Gebot. Wörtlich: «L'église catholique est la dépositaire de la vérité», und: «L'intolérance est donc une suite nécessaire de la sainteté et de la certitude, où elle est qu'elle n'enseigne que la vérité»! (Ausgabe 1762, S. 271 und 273). Da haben wir es! Die Strenge der Inquisition, folgert Nonnotte denn auch, sei «utile et nécessaire» (282).

Papst Clemens XIII. segnete Nonnotte, schrieb einen lateinischen Gratulationsbrief an ihn, den der Ex-Jesuit natürlich abdruckte, und forderte ihn auf, nun auch noch die «Irrtümer» des *Dictionnaire philosophique* aufzugreifen und anzukreiden, dieses «libri perniciosissimi», das nicht umsonst 1752 auf den *Index* gekommen war. Der *Traité sur la tolérance* hatte 1766 die Ehre, dem «philosophischen Wörterbuch» dortselbst nachzufolgen.

Von daher – das soll unser letztes Wort sein – kann man verstehen, daß die Pariser Geistlichkeit dem sterbenden Voltaire das Bekenntnis nicht abnahm, er sei von Geburt an ein treuer Diener der Kirche gewesen. Den Abbé Gautier, der für Voltaire eine öffentliche Abbitte und ein detailliertes Glaubensbekenntnis vorbereitet hatte, behauptete der Sterbende nicht zu erkennen. Er redete irre und unterschrieb nichts. Nach einem anderen Bericht soll der Geistliche Voltaire auf dem Sterbebett gefragt haben, ob er «die Göttlichkeit Christi» anerkenne. Da stammelte Voltaire: «Jesu Christi? Jesu Christi? Lassen Sie mich in Frieden sterben!» Und war nur noch imstande hinzuzufügen: «Ich bin tot.» Jean Oricux, dem man diese Anekdote entnehmen kann (*Das Leben des Voltaire*, 1994, 916) stellt daraufhin die Frage: «Ist Voltaire tot?» Er beantwortet sie, wie man sich denken kann, mit nein. Aber um das zu bestätigen, müßte man auch noch die Weiterwirkung Voltaires nachzeichnen, wozu ein eigenes Buch vonnöten wäre.

Literaturhinweise

Mit einer Bibliographie zu Voltaire, die alle Aspekte seines Werkes berücksichtigen würde, ließen sich leicht zehn und mehr Seiten füllen. Darauf darf man in diesem Zusammenhang sicher verzichten. Auf die beiden umfänglichen Werke, denen alles Diesbezügliche entnommen werden kann, das *Dictionnaire général de Voltaire* und René Pomeaus *Voltaire en son temps* wurde schon hingewiesen. Sie geben den neuesten Stand der Forschung wieder und erübrigen, was die Fakten anlangt, die Konsultation wenn nicht aller, so doch der meisten älteren Bücher über Voltaire. Alle älteren Biographien – bis hin zu Jean Orieux' *Leben Voltaires* (1966), das man als eine anekdotengewürzte, etwas journalistische Darstellung allenfalls noch lesen mag – sind durch Pomeau obsolet geworden. Aber wer schafft sich schon die fünf Bände an? Man muß sie in Bibliotheken zur Hand nehmen. Dasselbe gilt für das Voltaire-Lexikon von Raymond Trousson und Jeroom Vercruysse: auch dieses Buch gehört in die Fachbibliotheken. Dort allerdings muß es unbedingt benutzt werden, wenn man «auf dem laufenden» sein will. Im übrigen gibt es natürlich Literaturlexika (von Gero von Wilperts Lexikon der Weltliteratur bis zum Literaturbrockhaus), denen vieles Brauchbare entnommen werden kann, auch Geschichten der französischen Literatur, die hier nicht aufgezählt werden müssen. Ich gebe infolgedessen nur ein paar «Literaturhinweise», die vermerken, was ich selbst als anregend empfunden habe oder in meiner eigenen Bibliothek besitze. Was folgt, ist also weder eine systematische noch gar eine vollständige Bibliographie zu Voltaire.

Den Anfang mache ich mit dem Werk über Voltaire von David Friedrich Strauß. Es handelt sich um eine Reihe von Vorträgen, die der liberale Theologe Ende der sechziger Jahre des 19. Jahrhunderts für eine Prinzessin und spätere Großherzogin von Hessen, Alice, gehalten hat. Strauß ist erstaunlich gut informiert über die Lebensumstände Voltaires und kennt dessen Werke. Seine Darstellung hat sich lebendig erhalten und ist in den Hauptpunkten nicht überholt, obwohl es sich doch eigentlich um ein Dokument zur deutschen Rezeptionsgeschichte Voltaires handelt.

Daran anschließend sollte Hermann August Korffs *Voltaire im literarischen Deutschland des 18. Jahrhunderts* genannt werden, ein zweibändiges Werk, das, wie der Untertitel besagt, «ein Beitrag zur Geschichte des deutschen Geistes von Gottsched bis Goethe» sein sollte und 1917 erschien. Es ist und bleibt das Standardwerk zur Geschichte der deutschen Voltaire-Rezeption des genannten Zeitraums, unglaublich reich an Fakten und Hinweisen. Da wir bei der Rezeptionsgeschichte sind, nenne ich auch gleich noch den von P. Brockmeier, R. Desné und J. Voss herausgegebenen Sammelband *Voltaire und Deutschland,* mit den vielen instruktiven Vorträgen eines internationalen Kolloqiums, die 1978 an der Universität Mannheim gehalten wurden. Es ist die notwendige Ergänzung und Fortsetzung der Korffschen Darstellung.

Von da gehe ich über zu Victor Klemperers *Geschichte der französischen Literatur im 18. Jahrhundert,* die 1954 im Deutschen Verlag der Wissenschaften zu Berlin erschien und deren erster Band «Das Jahrhundert Voltaires» betitelt ist. Inzwischen ist er auch unter dem Titel *Voltaire* neu herausgegeben worden. Es wurde schon gesagt, daß der Dresdener Romanist, den die Nazis als Juden verfolgten, ein großer Voltaire-Liebhaber und -Kenner war, eine Ausnahme unter seinen Generationsgenossen. Von Voltaire selbst handeln 150 Seiten der Literaturgeschichte, die dann zu den Autoren übergeht, die mehr oder minder in Voltaires Spuren traten. Ein unschätzbares, temperamentvoll geschriebenes Buch, in dem nicht nur der Aufklärer, sondern auch der Klassizist Voltaire zu seinem Recht kommt.

Da wir bei deutschen Romanisten sind, erwähne ich gleich anschließend den Versuch Leo Spitzers, die französische «Explication de Texte» auf Voltaire anzuwenden (1949, wiedergegeben in dem Band *Eine Methode Literatur zu interpretieren* (1966, 52–78)). Spitzer geht von einem Rokokogedicht Voltaires, der Epître Les Vous et les Tu aus und betrachtet dann einen kurzen Brief Voltaires vom 19. Juni 1770, zwei Texte, die er stilistisch analysiert. Ich hätte nur einzuwenden, daß der letzte Satz, mit dem Spitzer das Goethesche Wort von Voltaires «Höhe» aber nicht «Hoheit» aufgreift, wenn er schreibt, Voltaire «erhebt den Geist des Menschen – doch nicht in den Himmel, sondern in die Luft», ein Rückfall ist in ein altes Klischee. Aber auch Hugo Friedrich, dessen glänzender Aufsatz *Voltaire und seine Romane,* 1957, auf ein Nachwort zu einer Neuübersetzung des Candide zurückgeht, läuft schließlich auf diese einschränkende Formel hinaus, so sehr der Verfasser mit dem «esprit» und der Erzählkunst Voltaires sympathisiert. In religiöser Hinsicht, meinte Friedrich, sei Voltaire letztlich doch nicht kompetent.

Das hätte er nicht schreiben können, wenn er René Pomeaus Buch *La Religion de Voltaire* von 1969 (zweite Auflage 1974) gekannt hätte. Das ist für dieses Thema unerläßlich, in der Manier einer «Thèse» genau und gründlich. Seitdem wissen wir: Voltaire war nicht nur ein Religionskritiker und Kirchenfeind, er war vielmehr selbst so etwas wie ein Religionsstifter, der seinen Deismus an die Stelle der dogmatisierten und institutionalisierten Religion treten lassen wollte. Pomeaus Werk ist wahrscheinlich die wichtigste Neuerscheinung aus französischer Feder zu Voltaire seit Kriegsende überhaupt.

Will man sich über *Voltaire, l'homme et l'œuvre* in der traditionellen Weise der französischen Literaturwissenschaft (aber gut und gründlich) informieren, sollte man das Bändchen von Raymond Naves, einem besonders guten Kenner von Voltaires Ästhetik (*Le Goût de Voltaire* heißt sein dafür grundlegendes Werk von 1938) zur Hand nehmen, dessen Untertitel das Programm enthält. Der Band der Reihe «Connaissance des lettres», die früher «Le livre de l'étudiant» hieß, erschien 1958 in fünfter Auflage.

Heben wir noch zwei Werke der angelsächsischen Voltaire-Forschung hervor, Ira O. Wades *The intellectual Development of Voltaire* (Princeton 1969) und Theodore Bestermans *Voltaire* (London 1969), so muß das an dieser Stelle genügen. Weitere Literatur findet man praktisch zusammengestellt in der deutschen Übersetzung von René Pomeaus *Voltaire*, Frankfurt am Main 1994, eines Buches, das insofern nicht hält, was der Titel verspricht, als es einen langen Essay des Verfassers enthält, der eigentlich die Kenntnis Voltaires schon voraussetzt, und dann eine kleine Anthologie Voltairescher Texte bringt. Es ist also weder eine Monographie noch eine Biographie Voltaires.

Weder das eine noch das andere, das sei zum Schluß noch angemerkt, stellt auch mein Buch *Über Voltaire* von 1998 dar. Es handelt sich um 25 Essays zu verschiedenen Aspekten von Voltaires Leben und Werk. Ich meinte, die Zeit sei noch nicht reif für eine Synthese. Nun habe ich, einem Angebot des C. H. Beck Verlages folgend, doch so etwas versucht, wohl wissend, daß der knappe Umfang, der vorgeschrieben war, kaum mehr als einen Anlauf zu einer Synthese erlaubte. Von den Aufsätzen zu Voltaire, die nach meinem Buch erschienen sind, nenne ich noch den über «Voltaires Komödien», in der Zeitschrift Poetica 1999, 415–436, sowie «Voltaire und D'Alembert, zur Geschichte einer Aufklärerfreundschaft», erschienen im Literaturwissenschaftlichen Jahrbuch der Görres-Gesellschaft, 2005, 135–148. In das neunte und elfte Kapitel dieses Buches habe ich – gekürzt und stilistisch überarbeitet – einiges aus meinen früheren Publikationen über Voltaire übernommen, alles andere habe ich neu geschrieben.

Personenregister